공효진책

공효진책

북하우스

200806
비가 내리는 양화대교위.
HYOJIN

prologue

공효진이 패션 책이 아닌 환경 책을 썼다는 것에 의아해할 사람들이 분명 있을 거라고 생각한다. '공효진'이라는 이름 앞에 늘 붙는 수식어는 '패셔니스타'니까 말이다. 아닌 게 아니라 종종 패션과 관련된 책 출간 제의를 받아왔다. 그러나 그때마다 나의 대답은 '노'였다. 물론 옷을 좋아한다. 하지만 난 배우지 패션 분야의 전문가는 아니다. 그 분야에 나보다 뛰어난 분들이 너무나 많다. 그래서 내 얄팍한 지식으로 패션 관련 책을 썼다가 시간이 흐른 후에 다시 보면 너무 창피해질 것 같단 생각에 용기가 나지 않았다. 유행이란 1, 2년만 지나도 촌스러워지기 때문에 내 수준으로는 어려운 일이다.

그렇다고 내가 환경 전문가는 더더욱 아니다. 그리고 화려해 보이는 배우라는 직업이나, 패셔니스타라는 수식어와 '환경'은 잘 연관 지어지지 않는다. 사실, 관련이 있고 없고를 떠나 좀 어울리지 않는 것 같긴 하다. 특히나 나처럼 독특한 캐릭터에, 패션을 즐기는 배우가 말이다. 그러나 이 책은 수많은 패션 책 제안 때와는 다른 경우였다. 내가 먼저 책을 쓰겠다고 제안을 했으니 절차가 반대였던 셈이다. 그만큼 할 얘기가 많고, 급하다는 생각이 들었다. 이렇게 말하는 게 이해하는 데 큰 도움이 되지는 않을 테니, 우선 어쩌다 내가 이렇게 됐는지부터 설명해야겠다. 책을 내는 사람이 이런 말을 하는 게 아이러니하지만 전문 작가가 아닌 만큼 글재주가 없으니, 그것 또한 너그럽게 이해해주길 바란다.

어떤 말로 시작해야 할지 모르겠다. 어렵지도 않게, 가르치려 들지도 않고 그저 솔직하게만 전하고 싶다. 일단, 나는 인간의 편의와 이익을 위해서 파괴되어가는 자연을 보면 화가 났다. 또 그 분노의 대상에 나도 포함되어 있다는 사실에 죄책감도 느꼈다. 어디서 들은 건 많아서 주위 사람들에게 아는 척, 나는 아닌 척하고 있다는 사실도 나의 양심을 괴롭혔다. 도움이 되길 원하면서도 매일매일 '이 정도도 충분하다. 유난스러워 보이지는 말자. 괜히 좋은 일 하려다가 귀신같은 네티즌들의 수사망에 걸려서 "공효진 쓰레기 버리는 모습!" "일회용품 쓰지 말자던 공효진도 테이크아웃 커피 들고 거리 활보." 이런 기사를 읽게 될지도 모르니 조용히 혼자 하는 게 낫지' 하며 한 4년 생각만 하고 미루어왔다.

그러다 얼마 전에 『노 임팩트 맨』이란 책을 읽고 깨달았다. 이 책은 뉴욕 한복판에 사는 맞벌이 부부와 세 살짜리 딸, 그리고 그들이 키우는 개가 1년 동안 지구환경에 전혀 나쁜 영향을 주지 않고 살아보는 프로젝트를 담은 책이다. 저자의 고민의 수위는 나와 크게 다르지 않다. 그런데 그는 그 지점에서 어마어마한 일을 시작한 것이다. 나는 그동안 내가 아직은 자격이 없다고 생각해서 혼자서만 끙끙대왔는데 말이다. 그 책을 읽고서 말할 수 있다고, 말해도 되겠다는 용기를 낼 수 있었다.

내가 전문가가 아니고 실제로 환경운동을 실천하시는 분들과 비교하면 걸음마도 못 뗀 아기의 수준이라는 걸 잘 안다. 아직도 고민하고 노력하지만 완벽하지 않다. 일회용품을 쓰고 배달음식을 시켜 먹는다. 시장가방을 깜박했을 때는 비닐봉지를 받아서 쓰고, 차로 여행도 다니고, 공기오염의 큰 원인이라는 비행기를 타고 해외도 많이 오간다. 길을 가다 몰래 쓰레기도 버리고 분리배출을 건너뛸 때도 있다. (제일 작은 소리로, 모피도 있다.)

그러면서 무슨 환경 책을 쓰냐는 말, 나올 수 있다. 안다. 나도 자신 있게 말할 자격이 있다고 생각하지 않는다. 이 책이 출간된 후에도 몰래 껌 종이를 떨어뜨릴 수도 있고, 촬영장에서 일회용품에 담긴 도시락을 먹고 슬쩍 일어날 수도 있다. 그래서 욕을 먹을 수도 있고, 사진까지 찍혀 네티즌에게 지적당할 수도 있다. 그렇지만 그게 두려워서 가만히 있으면 아무것도 변하지 않을 거라는 걸 알았다. 그리고 나 혼자선 정말 별것 아닐 수 있는 일들도 함께하는 사람들이 늘어나면 정말 큰일을 낼 수 있다고 믿게 됐다. 그렇기에 그런 고민과 망설임 모두 다 있는 그대로 드러내고 이야기하려고 한다.

나는 완벽하지 않다.
나 역시 고민하고,
망설이고 있고,
이 책을 읽는 당신과
내가 다르지 않다.
그러니 지금은
"나와 함께 해주세요"라고
말하고 싶다.

contents

prologue	6
chapter 01	16
chapter 02	80
chapter 03	148
our story	196
chapter 04	210
epilogue	252

앞에서 내가 왜 이 책을 쓰게 됐는지 살짝 이야기했지만
독자들이 아직도 조금은 당황하지 않을까 싶다.
사실 패션을 사랑하는 내가 자연도 사랑해서
이런 이야기를 한다는 게 어울리지 않을 법도 하니까.
'아니, 도대체 갑자기 왜?'라는 물음표가 가득해지지 않았을까?
그래서 먼저 그 의문에 답을 해보려고 한다.
물음표가 느낌표로 바뀌길 기대하면서.

나를 위한 이유 있는 출발

1999년 겨울, 어느 영화로 시작되었다. 얼떨결에 본 영화 오디션에 덜컥 붙으면서 당시 여배우의 마스크는 좀 아니었던 내가 스크린에 나오게 되었다. 처음 영화관에서 집채만 하게 클로즈업된 내 얼굴을 보고 얼마나 실망했는지 모른다. 그때까지만 해도 미스코리아 정도의 미모는 되어야 여배우가 될 수 있었다. 그런데 내가 나올 즈음 그 흐름이 달라졌다. 소위 '개성파 배우'들이 관심의 대상이 된 것이다. 어떤 색을 입혀도 그 색을 제대로 뽑아낼 수 있는 백지 같은 얼굴이 진짜 배우라는 이야기가 오가기 시작했다. 나 스스로도 '이런 운이 어디 있어? 때를 참 잘 만난 거지'라고 생각했다. 그렇게 2000년을 넘어가며 '개성파 배우'들이 쏟아져나왔다. 나도 그들 중 한 명이 되어 그 붐을 타고 2, 3년 바쁘게 열심히 일을 했다. 그러나 유행이 돌고 돌듯이 딱 3년 정도 지나니 그 바람도 사그라졌다. 언제 그랬냐는 듯 '개성파'라는 수식어가 더 이상 '핫'한 것이 아니었다. 그리고 다시 예전의 '인형같이 예쁜' 여배우들이 스포트라이트를 받기 시작했다.

아마 그때쯤이었던 것 같다. 내가 화초와 동물들을 키우기 시작했던 것이. 그때 나는 내 일에 대해 생각했고 배우로서 내 존재는 뭘까, 늘 고민했다. 데뷔하고 내 의지와 상관없이 바쁘게 일을 하다가 어느 순간 나를 뒤흔들던 열풍이 잠잠해지면서 늘 공허했다. 배우의 꿈을 안고 출발했던 것도 아니었기에 내가 언제까지 이 일을 할 수 있을지 회의가 들기도 했다. 그래서 이 길이 내 길이 맞나, 과연 나란 배우는 얼마나 오래갈 수 있을까, 끊임없이 나의 존재감을 확인하고 또 확인했다.

한편으로는 그런 복잡한 생각으로부터 벗어나고 싶었다. 그러면서 나만을 필요로 하는 누군가를, 혹은 무언가를 원했던 것 같다. 그래서 아주 잠깐, 빨리 결혼을 해서 애를 낳고 평범하게 살아가는 것은 어떨까 생각을 하기도 했다. 그러나 그건 현실적으로 다가오지 않았다. 그래서 다른 걸 찾기 시작했다. 그렇게 찾아낸 것이 화초와 강아지였다. 내가 관심을 갖고 보살펴줘야만 하는 생명, 내가 없으면 결코 살아갈 수 없는 존재. 그것들을 키우고 돌보면서 내가 숨 쉬고 있는 이유와 즐거움을 느낄 수 있을 것 같았다. 그게 시작이었다. 그리고 내가 생각했던 것은 틀리지 않았다.

즐거웠고, 기뻤고, 행복했다.

나의 작은 노력과 정성이 훨씬 더 큰 것으로 내게 되돌아왔다. 그들을 돌보고 함께 살아온 시간이 길어질수록 그들이 소중해졌다. 그럴수록 '생명'이라는 것의 무게가 느껴졌다. 지구상에 인간만이 '살아 있는' 존재는 아니다. 수많은 종류의 생명이 함께 살아가고 있다는 걸 머리가 아니라 온몸으로, 마음으로 알게 된 것이다.

그런데 도대체 왜 우리는 이 지구가 우리만의 것인 양 굴고 있을까?

이 의문이 출발점이었다.
이것이 그래서는 안 된다는 자각으로,
그리고 작은 실천들로 지금까지 이어져왔다.
비록 진짜 환경운동을 하시는 분들과는
견줄 수 없는 풋내기지만 조금씩이나마
지구를 위해 노력하고 있다.
내가 사랑하는 화초들,
나와 함께 살아갈 토토와 알프, 미미
그리고 이들의 친구들이 모두 함께
즐겁게 살 수 있는 지구가 되기를
누구보다 바라고 있으니까.

작은 씨앗 브리즈번

지금 생각해보면 '초록빛'이 주는 행복을 남들보다 쉽게 알아챌 수 있었던 데는 어린 시절 유학생활의 영향이 컸던 것 같다. 중학교 3학년 때 남동생과 엄마와 함께 호주의 브리즈번 Brisbane이란 곳으로 유학을 떠났다. 수많은 도시 중 되도록이면 한국 학생이 없는 곳을 물색하던 아빠가 내린 결정이었다. 당시 나는 사춘기 무렵이어서인지 화려하고 세련된 미국 어디쯤이 아닌, 그렇다고 호주의 멜버른이나 시드니도 아닌, 들어본 적도 없는 곳으로 가야 하는 사실에 불만이 많았다. 하지만 우리는 결국 아버지의 결정에 따라 친구 한 명 없는 그곳으로 떠나게 됐다.

브리즈번 공항에 착륙하기 전 하늘에서 봤던 그 풍경이 아직도 잊히지 않는다. 온통 초록의 자연으로 뒤덮인 모습에 압도되어 얼마나 따분할까 하는 걱정은 순식간에 사라졌다. 공항에 내리자마자 한 할아버지가 눈에 들어왔다. 정신이 번쩍 들었다. 그럴 수밖에. 환히 웃으며 우리를 향해 깃발을 흔들고 계신 할아버지의 옷차림은 반바지에 니삭스였으니까. 할아버지와 니삭스라니, 세상에. 니삭스라면 한국에서는 여학생들이 좋아하는, 서른이 넘으면 감히 넘볼 수도 없다는 바로 그 '소녀 아이템'이 아닌가! 나는 잠시 눈이 휘둥그레졌지만, 그 모습이 나쁘진 않았다. 문득 브리즈번에서의 생활이 그리 따분하지만은 않을 것 같은 기대가 차올랐다.

브리즈번의 생활은 모든 것이 상상할 수 없는 일들로 가득했다. 쓰레기가 없고 깨끗해서인지 사람들이 손에 신발을 들고 맨발로 걷기도 했고, 멀쩡한 의자를 두고도 바닥에 철퍼덕 앉아 수다를 떨기도 했다. 아무 곳에나 주저앉아 뭘 먹는 건 기본이고, 심지어 어떤 사람은 땅바닥에 그냥 누워 있기도 했다. 그 사람들한테는 그런 모습이 자연스러운 듯했다.

　　학교도 마찬가지였다. 등교하면 모두 밖에 나가 풀밭에 앉아 있는 시간이 많았다. 그러면 기대앉은 나무 위로 코알라나 뱀이 지나다니곤 했다. 처음에 놀랍고 낯설었지만 얼마 지나지 않아 나도 적응이 됐다. 심심할 때는 도마뱀을 잡아 필통에 넣고 장난을 치기도 했다. 영화관을 제외하고 놀 거리라고 해봐야 볼링이나 테니스 같은 스포츠가 전부인 곳이었다. 할 게 없으니 나 역시 매일 수영하고 농구를 하며 지냈다. 지금 나의 키는 그때 자란 게 아닐까?

내가 아직까지 잊지 못하는 것은 그곳에서 본 하늘이다. 끝없이 넓고 파란 하늘. 그 빛깔이 마음에 남아 한국에 돌아오고 나서도 종종 그때의 하늘색이 자꾸 그리워졌다. 그곳엔 그런 자연이 주위에 '당연하게' 펼쳐져 있었다. 그리고 그 속에서 자연스럽게 살아가는 것이 그곳 사람들의 생활이었고, 곧 내게도 그런 일상이 아주 자연스러워졌다.

어쩌면 그 경험이 지금의 나를 만들었는지도 모르겠다는 생각이 이제야 든다. 물론 그런 환경이 익숙해지면서 너무 심심해서 한국에서 공부하고 싶다고 떼를 쓰기도 했지만, 뒤돌아보면 부모님께 정말 감사하다. 비록 4년 만에 돌아와 영어는 완벽하게 마스터하지 못했어도 나는 그보다 더 큰 것을 알게 됐으니까.

세상은 참 넓다는 것, 사람은 더불어 사는 존재라는 것.
내가 살아가고 있는 이 지구가, 자연이 참 소중하다는 것.

무엇보다 뿌연 서울 하늘을 브리즈번의 파란 하늘처럼 바꾸고 싶은 바람이 생겼다. 지금도 종종 그런 생각이 든다. 어쩌면 그 작은 바람이 나를 달라지게 한 가장 작은 씨앗이 아니었을까 하는.

보지 않으면, 경험해보지 않으면 알 수 없다. 나도 아마 자연과 가까이 지낸 경험이 아니었으면 서울의 뿌연 하늘이, 초록빛이 드문 도시 생활이 너무 당연하게 느꼈을지도 모른다. 그 시절 자연과 가까이 살아본 경험이 내게 미친 영향을 생각해본다. 그래서 우리가 왜 자연을 지켜야 하는지, 우리 아이들에게 왜 초록의 세상을 보여줘야 하는지 말하고 싶다. 초록의 싱그러움을 아는 사람은 탁한 공기의 답답함도 안다. 초록빛이 주는 행복을 아는 사람은 그것을 지키고 싶은 욕심도 생긴다. 그러면 그것을 고치고 또 지키기 위해 분명히 노력하게 된다. 그런 사람들이 많아질수록 서울은, 한국은, 나아가 지구는 더욱 예뻐지지 않을까?

일단은 나부터다. 내가 변하고 내 옆 사람이 변하고 우리가 변한다. 나는 그래서 오늘도 내 곁의 작은 생명들에게 말을 건다. 너희들은 너무 예쁘다고, 오늘도 튼튼하게 자라라고.

2009
덴마크 여행중
나에게 인사중인 들꽃들,

봄이면 어김없이 우리집에
이사오는 화초들,

나의 찡그려진 미간을 활짝 펴주는 곳, 꽃시장

나도 쇼핑을 좋아한다. 그런 내가 언제부턴가 옷 다음으로 모조리 사고 싶다고 느낀 것이 생겼다. 바로 화초다. 친구들에게 옷가게만큼 좋은 곳이 화원이라며 우스갯소리를 할 정도로, 정말 화원 앞에 앉아 갖가지 화초들을 쭉 둘러보고 있으면 그렇게 기분이 좋을 수 없다. 그냥 보고만 있어도 예쁘고 마음이 환해진다. 그중에서도 화려하게 장식된 꽃보다는 여린 들꽃에 더 눈길이 간다. 이렇게 작은 게 어떻게 살아서 클까 싶은, 정말 아주 작은 생명들이 신기하다. 그래서 새로운 계절이 시작될 때면 화훼센터에 자주 가서 이런저런 화초들을 구경하고 마음에 드는 것들을 사왔다. 그러다보니 어느 순간 옷가게에 가는 횟수보다 화원에 가는 횟수가 더 많아졌다. 당연했다. 옷가게는 가면 사고 싶은데 사지 못해서 스트레스를 받지만, 화원은 참지 않아도 됐으니까.

언젠가 나의 미간이 무지 좁아져 있던 날 남자친구가 양재동 꽃시장에 차를 세웠다. 무슨 일인가 했더니,

"너, 여기 오면 기분 좋아지잖아."

나를 알긴 아는구나 싶었다. 그의 말대로 나는 곧 형형색색의 화초들을 보며 언제 화를 냈냐는 듯 웃고 말았으니까. 게다가 이제는 제법 보는 눈도 생겨서 대충 보고도 화초 상태를 알아차릴 수 있다. 물론 여전히 모르는 것도 많지만 그럴 때는 그냥 지나치지 않고 꼭

물어본다. 음지에서 키워도 되는지, 물은 얼마나 자주 줘야 하는지, 통풍은 어떻게 해야 하는지 등등. 그런 것들을 물어보는 것마저 신이 난다.

어느 책에선가 화초를 키운다는 것은 작은 생명에 감사할 줄 안다는 것이고, 또 그 생명을 유지하고 돌봄으로써 기쁨을 느끼는 것 자체가 중요한 환경 공부라는 이야기를 읽었다. 정말 화초를 키우다보면 내가 잘 돌봐야 한다는 사명감이 새록새록 생긴다. 바람, 물, 햇빛 삼박자를 알맞게 맞춰줘야 하고, 잘 못 크는 것들이나 상태가 좋지 않은 것들은 옮겨 심거나 다른 조치를 취해주는 등 계속해서 신경을 써야 한다. 신기하게도 생명이라는 것이 그렇게 쉽게 사라지지 않는다. 시들고 말라버린 화초를 보면 풀이니까 금방 죽겠지 생각하기 쉽지만 천만의 말씀이다. 좋은 흙에 옮겨 물을 주고 볕을 쪼이면 다시 그 초록빛 얼굴을 살며시 내민다. 상처 입고 시든 화초들을 다시 살려내 꽃을 피울 때의 기쁨은 이루 말할 수 없다. 그 즐거움은 두고두고 얘기해도 질리지 않는다.

꽃다발 대신 화분을!

계절에 상관없이 꽃병에 꽂는 꽃들은 보통 비닐하우스에서 적당한 온도를 유지하며 키운 것들이다. 이렇게 석유를 때서 길러낸 꽃들로 만들어진 꽃다발, 시간이 지나면 시들어버리고 만다.

그러니 차라리 화분을 선물하는 건 어떨까? 아이비 같은 식물은 키우기도 쉬워 비교적 부담 없이 시작해볼 수 있다. 이참에 다른 사람에게 화초 키우는 재미를 느낄 수 있도록 좋은 안내자 역할을 해보는 것도 기분 좋은 일이 아닐까?

해가 지나고오
꽃을 피운 화초들,

햇빛과 바람이 필요했던 나의 고무나무 둘.

17th September 09'
남주해형.

17th September 09'
Namtte.

아무것도 아닌
작은 초록 생명이 주는
행복은
상상할 수 없을 만큼
크다.

요즘 우리의 대화

" 우리 집 브로초에 꽃 피었어! 사진 보여줄까?"

" 그래? 우리 집 루콜라도 요즘은 잘 커."

" 진짜? 어떻게?"

" 그동안 너무 추웠나봐."

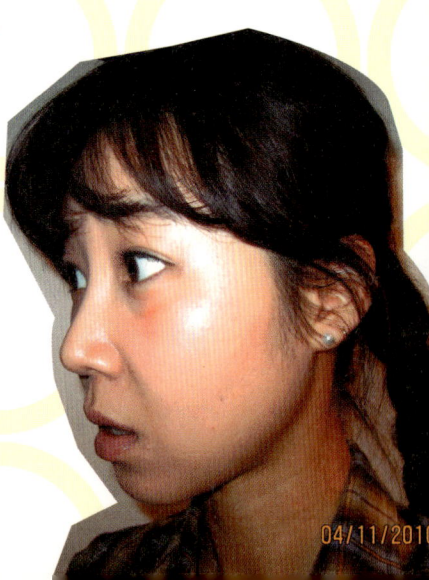

" 그렇구나, 나도 온도 조절을 좀 해줘야 되려나보다."

"네잎 클로버 한번 찾아볼까…"

친구들과 나는 마치 아줌마들이 만나서 아이들 이야기를 하는 것처럼 이런 이야기를 한다. 서로 키우는 화초며, 강아지, 고양이 이야기로 시간 가는 줄을 모른다. 어떤 꽃이 피었다고 사진을 보여주기도 하고, 새싹이 돋아나면 자랑하기도 한다. 서로 몰랐던 정보 교환도 이루어진다. 그런 얘기로 시간을 보내고 헤어지면 마음이 참 산뜻하다. 괜히 남의 험담을 늘어놓거나 가십거리로 시간을 보내고 헤어질 때의 씁쓸한 기분과는 전혀 다른 상쾌한 기분이다. 이런 대화는 아무리 오랜 시간 나눠도 나쁜 얘기가 나올 수 없고 즐거운 것들로 채워진다. 그런 만남이 거듭되고 많아질수록 일상은 윤택해진다.

그렇게 시간을 보내고 친구와 헤어져 집에 돌아오면 난 또다시 내가 사랑하는 화초들을 살핀다. 물을 주고, 창문을 열어 바람을 쐬어준다. 예쁘게 잘 자란다고 이야기를 건네고, 마지막으로 오늘도 잘 살아 있어줘서 고맙다고 인사를 전한다.

아마 그 시간 내 친구들도 나와 같은 모습이지 않을까?

나는 올 봄에도 나를 행복하게 해줄 화분 두 개를 샀다. 그중 하나는 처음 보는 것이었는데, 커다란 잎사귀가 색칠한 것처럼 분홍빛이 돌았다. 고무나무의 한 종류로 잎이 마치 예쁜 그림책 같았다. 나는 첫눈에 반해 얼른 집으로 데려와 습도 조절도 할 겸 침대 옆에 놓고 키우기 시작했다. 그런데 이게 웬걸, 이 녀석이 도통 자라지를 않았다. 도대체 이유가 뭘까 고민하다가 혹시나 싶은 마음에 방 밖으로 가지고 나와 해가 비추는 곳에 놓아두었다. 그러자 얼마 지나지 않아 일주일마다 잎을 피웠다.

아, 네가 원하는 게 햇빛이었구나!

원하는 걸 얻으니 화초도 좋아하는 게 느껴지고, 그걸 보는 나도 정말 행복했다. 이제는 나도 화초 키우는 것이 꽤 능숙해져서 예민하거나 잘 못 자라는 것들은 빨리 밖에 자리

잡아주고, 또 바람이 필요한 것들은 얼른 창가로 옮겨주고 문을 살짝 열어둔다. 언젠가는 빗물을 주면 잘 자란다는 이야기에 비 오는 날 양동이에 빗물을 받아 화초들에게 주며 흐뭇해하기도 했다. 비가 새는 집 걱정은 까맣게 잊고 말이다.

몇 달 전부터는 베란다 안의 작은 화단—화단이라기엔 너무 작은 와인상자지만—에 클로버가 자라기 시작했다. 대체 어디서 딸려온 건지, 방충망이 있는 창문으로 들어왔다고 믿기에도 어려운 일이었다. 번식력도 어찌나 강한지 씨앗을 품고 있던 잎을 손으로 톡 건드리면 잎이 열리면서 주위에 씨앗을 뿌린다. 화초를 키우다보면 이렇게 생각지도 않은 손님이 찾아오기도 한다. 가끔 앉아서 혹시나 이 손님이 행운을 가져온 건 아닌지, 네잎 클로버를 찾아보는 재미도 쏠쏠하다.

처음부터 화초는 자신과 거리가 먼 일이라 생각해서 관심을 갖지 않을 뿐이지, 알고 보면 식물을 싫어하는 사람은 없다. 키워보니 매일 초록빛 생명과 마주하는 것이 정신적으로도 정말 좋은 것 같다. 그러니 속는 셈 치고 화초와의 거리감을 좁혀보길 바란다. 만약 지금 이 순간, 이 글을 읽고 있는 당신의 하루를 행복하게 하고 싶다면, 작은 화초 하나를 키워보면 어떨까? 글쎄 당신이 있는 그곳이 화사한 카페로 변신할 수도 있다. 단돈 이천 원에!

이 화초를 키워보세요!

아이비

만약 처음 화초를 키우는 사람이라면 아이비를 추천! 아이비는 예쁘기도 한 것이 키우기도 쉽다. 다른 화초들과 달리 아이비는 그냥 묵묵히, 꿋꿋이 자라서 듬직하고 의지가 된다. 꼭 형제 중 맏이 같다고 할까? 화초를 키우다보면 이렇게 존재감을 부여하게 되기도 하는데, 이것도 키우는 재미 중 하나다. 아이비는 살짝 잘라 물에 꽂아놓으면 또 색다른 인테리어 아이템이 되기도 한다. 예쁜 잼이나 음료수 병에 물을 받아서 아이비를 꽂아 화장실 선반에 놓으면, 금세 화장실이 화사하게 변신하니 한 번쯤 시도해보는 것도 좋을 듯!

소국화

화려하지 않지만 은은하게 분위기를 살려주기 때문에 집을 예쁘게 꾸미고 싶은 분들에게 추천하고 싶다. 일주일에 한 번 정도만 물을 주면 되니 키우기에 번거롭지 않다. 꽃이 참 예뻐서 어느 곳에나 잘 어울리기 때문에 어디에 둘지 고민하게 된다. 정말 행복한 고민이 아닐 수 없다.

루콜라

피자나 샐러드에 많이 사용되는 식용 허브인데 요리하기를 좋아하는 분들은 아마도 한 번씩 키워보셨을 것 같다. 볕이 드는 곳이면 키우기에도 어렵지 않고, 실시간으로 자란다는 말이 실감이 날 만큼 쑥쑥 자라서 키우는 재미도 있다. 추운 걸 싫어하기 때문에 한겨울에는 더디게 자랄 수도 있다. 나도 키우던 루콜라 잎을 따서 친구와 피자도 만들어 먹곤 했는데 내가 직접 키운 거라서 그런지 왠지 더 신선한 것 같았다.

위로

나는 하루가 입안의 혓바늘처럼 까끌거린다는 친구가 있으면 화초를 길러보라고 한다. 그 작은 생명이 나눠주는 '해피 에너지'를 기꺼이 받으라고 권한다. 그러나 그런 얘기에 시큰둥한 반응일 때가 있다. 살아 있는 무언가를 돌본다는 것에 겁을 먹었거나, 혹은 손이 많이 가는 일이라 귀찮다거나, 혹은 자극적이지 않으면 즐겁지 않다고 여기는 경우다. 화초를 키우는 건 신경 써야 하고 손이 가는 일이긴 하지만 그다지 어렵지는 않다. 나도 처음에는 서툴러서 참 많은 화초들을 죽였고, 그래서 많이 속상하기도 했다. 죽은 화초를 아파트 화단에 몰래 버리다가 내가 뭔가를 심는 줄 알고 달려온 경비 아저씨에게 혼났던 적도 있었다. 그런 시행착오를 겪으면서 식물을 키우는 즐거움, 그 작은 생명이 주는 행복에 대해 차차 알게 됐다. 일단 화장실 한편, 책상 위, 창가에만 놓아두어도 멋진 카페에 온 듯 공간이 예뻐지니 그 효과를 바로 실감할 수 있다.

유럽의 혼자 사는 젊은 사람들 중에 화초를 키우는 사람들이 늘고 있다는 이야기를 들은 적이 있다. 그냥 키우는 것이 아니라 이름을 지어주고 친구처럼 키운다는 것이다. 바쁜 생활 속에서 혼자 보내는 시간이 점점 많아지면서 대화할 사람이 없기 때문에 화초와 대화를 하면서 외로움을 달랜다는, 조금은 충격적인 이야기였다. 문화의 특성상 우리나라처럼 한밤중이라도 친구에게 전화해, "나 우울해, 잠이 안 와서 전화했어. 미안해" 하고 투정부릴 수 없기 때문이기도 할 것이다. 그래서 화초를 친구 삼아 시간을 보낸다는 이야기인데, 듣고 보면 안타까운 일이다.

그러나 한편으로는 다시 한 번 식물이 단순한 존재가 아니라는 걸 생각하게 된다. 그저 작은 풀이 아니라 존재감이 있는 생명체로서 한몫을 단단히 하고 있는 게 아닐까? 화초를 키워본 사람이면 공감할 수 있을 것이다. 내가 돌봐줘야만 살고, 잎을 피우고 꽃을 피워 나에게 에너지와 행복을 주는, 상호작용이 얼마든지 가능한 그런 존재. 이들이 주는 기운은 어떤 놀이보다 강하다. 지친 마음과 스트레스를 누그러뜨리는 데 어떤 것보다 큰 힘을 발휘한다.

우리는 대부분 사람에게서 행복을 얻으려고 한다. 나도 가끔 혼자 있기 너무 싫은 날이 있다. 그리고 그런 날 공교롭게도, 누구도 나와 함께할 시간이 나지 않는 때도 있더라. 그럴 때 내가 뭘 하고 살았나 싶고, 다들 나를 배신하는 것 같기도 하고, 자꾸 누군가에게 기대려고 하는 것 같아 자존심이 상하기도 한다. (이렇게 북 치고 장구 친다. 혼자서!)

난 양자리라 그런지 양떼처럼 무리지어 있는 걸 좋아한다. 확실히 고독을 즐기는 타입은 아니다. 때문에 누군가에게 상처를 받으면 힘들어하기도 한다. 친구들과 이야기해보면 누구나 세상을 살면서 이렇게 타인에게서 혹은 스스로에게서 크고 작은 상처를 받는 것 같다. 그리고 처음에 보이지 않았던 작은 상처가 심해지면 우울증이나 자살로 이어지는 것도 같다. 나 하나 없어져도 괜찮겠지 하는 말도 안 되는 생각이 비극을 부른다.

그러나 살아 있는 무언가를 키우는 사람들은, 작은 생명 하나가 나를 애타게 기다리고 있다는 것을 아는 사람들은, 쉽게 스스로를 포기하지 못한다. 다른 무언가에 존재감을 부여한 사람들은 스스로의 존재감 또한 묵직하게 느끼게 되니까. 그러니 공허하거나 외롭다고 느낄 때 손쉽게 돌볼 수 있는 작은 화초 하나를 키워보면 좋겠다.

나에게 자유를 허락한 친구

    나의, 아니 우리 집의 첫 강아지는 유기견이었다. 중학교 2학년 때 친구가 주운 강아지를 집에 데리고 갈 사정이 안 돼서 내가 우리 집으로 데리고 왔다. 엄마 아빠의 극심한 반대를 무릅쓰고 며칠만 키우겠다고 떼를 써서 함께 있게 되었다. 이름은 똘똘이로 지었다. 누가 지어준 건지는 기억이 잘 안 나지만, 그때 개 이름은 그저 개 이름이어야 했다. 똘똘이, 해피, 쫑, 깜시, 아지 등등이 물망에 올랐는데, 결국 똘똘이로 낙점되었다.
    똘똘이는 무엇보다 사춘기 소녀에게 혼자만의 시간을 찾아준, 아주 기특하고 똘똘한 녀석이었다. 그야말로 이름값을 했다고 해야 할까?

　형제라고는 남동생과 나 단 둘뿐이었지만, 아빠는 퇴근하고 오실 때면 늘 "효진아!" 하고 내 이름을 부르며 들어오셨다. 그러면 나는 잠드는 순간까지 아빠의 옆자리를 지켜야 했다. 나는 확실히 아빠에게 편애를 받는 딸이었다. 아직도 "내가 효진이한테 오징어를 씹어 먹었다"는 아빠와 "맛있는 것은 다 발라 먹고 껍데기만 준 게 무슨 자랑이냐"는 엄마의 설전이 오간다. 하지만 당시에는 아빠의 사랑을 듬뿍 받는 예쁜 딸이 게 참 좋으면서도, 초등학교 고학년으로 올라갈수록 약간 답답하기도 했다. 혼자 몰래 비밀일기도 쓰고, 친구한테 편지도 쓰고 내 시간을 갖고 싶은데 아빠 때문에 통 그럴 수가 없었기 때문이다.

　그런데 똘똘이가 우리 식구가 된 지 정확히 3일 만이었다. 아빠의 퇴근 시간 즈음 여지없이 현관에서 아빠의 목소리가 들려왔다. 그런데 아빠가 부르신 이름은 내가 아니었다!

　"똘똘아!"

　그날 이후 나는 완벽하게 나의 모든 역할과 자리를 똘똘이에게 넘겨주었다. 아빠의 옆자리를 지키는 것은 내가 아니라 똘똘이가 됐고, 나는 평범한 사춘기 여중생으로 돌아갈 수 있었다. 그리고 하나 더. 아빠는 오징어를 씹어 똘똘이에게 주기 시작했다. (사실, 사람이 먹는 음식이더라도 절대 염분이 있는 음식을 개에게 주면 안 된다. 개는 염분을 배출시키지 못한다. 사람처럼 땀이 나지 않으니까. 하지만 그때 아빠는 '맛이 있는' 염분을 쪽 빼고 주셨으니 괜찮지 않았을까?)

　그러나 나와 동생이 유학 가 있는 사이에 사고가 있었다. 이 녀석이 집을 나가버린 것이다. 그 소식을 들은 나는 수화기 너머 풀죽은 아빠의 목소리에 대고 똘똘이를 찾아내라고 울며불며 통곡을 했다. 그런데 일주일 후 비가 부슬부슬 오던 어느 날, 아빠가 더운 여름이라 현관문을 살짝 열어놓고 잠을 청하는데 빗속에서 우우 하는 울음소리가 들렸다. 아빠가 급하게 나가 주위를 살피니 전화박스 근처에 회색의 무언가가 울고 있는 게 보였고, 가까이 가보니 그것은 바로 똘똘이였다. 거짓말 같은 일이었다. 더욱이 아빠는 잠들면 업어가도 모르는 분인데, 그 소리를 들었다는 게 신기했다. 어쩌면 내심 똘똘이가 돌아올지도 모른다고 생각하셨던 모양이다. 아빠는 똘똘이를 찾았다는 희소식을 브리즈번까지 전했고 우리는 가슴을 쓸어내렸다.

그러나 그것으로 해피엔딩이면 좋았겠지만, 그 후 할머니 댁 근처에서 다시 한 번 똘똘이를 잃어버렸다. 그리고 지금까지 소식을 모르고 있다. 아마도 유기견인 터라 쉽게 집을 나가는 습관이 그런 비극을 불러온 것 같았다. 남동생과 내가 한국으로 돌아와 할머니 댁에 갔을 때 똘똘이와 똑같이 생긴 강아지를 발견했다. 우리는 모두 그 강아지가 어쩌면 똘똘이의 자손일 거라고 생각했다. 그리고 지금도 그렇게 믿고 있다.

조금만 기다려주세요

유기견 이야기가 나왔으니 말인데 전국적으로 한 해에 버려지는 개들이 10만 마리 이상이 된다고 한다. 보호소에서는 넘쳐나는 유기견 수를 감당하지 못해 3일 안에 주인이 돌아오지 않으면 일주일 만에 안락사를 시키거나 식용으로 보낸다고도 한다. 정말 끔찍한 일이다. 대부분의 사람들이 개를 키울 때는 작고 예쁜 강아지에 반해 키우기 시작한다. 보기에 정말 인형 같고 예쁘니 반할 만도 하다. 하지만 키우기 가장 힘든 시기가 태어나서부터 두 살 때까지다. 그때는 멋모르고 날뛰며 장난이 심한 시기다. 지금 키우고 있는 미미가 그 정도인데 이 녀석, 좋게 말해서 구김살이라고는 전혀 없다. 누구 집에 가던 낯가림도 없고 어디에서든 조심성도 없다. 그저 세상이 신기하고 재미있기만 한 것 같다. 말귀도 잘 못 알아듣고, 혼나도 혼나는 줄 모른다.

그러나 개들은 이 시기가 지나면 철이 들고 말도 알아듣고 대소변도 가린다. 그리고 정말 믿음직한 친구가 된다. 그런데 사람들이 그 2년을 참지 못해 버려지는 유기견이 많다고 한다. 예뻐서 데려왔는데 말도 안 듣고 화만 돋우니 그냥 버리는 것이다. 만약 개를 새끼 때부터 키우고 싶다면 시간이 지나 사건 사고만 저지르는 천덕꾸러기가 되었을 때에도 사랑하겠다는 의지와, 무엇보다도 끝까지 책임지겠다는 마음이 중요하다.

특히 유기견의 경우 한번 버려졌던 터라 정신적으로 상처를 받았기 때문에 주인에 대한 집착이 유독 심하다. 단단히 마음먹지 않은 주인이라면 개 때문에 생활이 흐트러져 결국 또다시 포기하기 쉽다. 그래서 유기견은 다시 유기견이 될 확률이 높다.

반려동물을 키울 마음을 먹었다면, 우선 친구의 강아지 등을 잠시 빌려
며칠 키워보는 것도 방법이다. 내가 과연 책임질 수 있는지
스스로 시험해보는 것이다. 며칠 지내보고 해볼 만하다고 해도
정말 끝까지 함께 갈 수 있는지 묻고 또 물어야 한다.
생명은 정말 소중한 것이다. 어느 하나 허투루 대할 수 없다.
특히 동물은 함께 숨쉬고, 눈빛을 나누며 교감하는 생명체인데 오죽할까.
반려동물이 주는 행복과 정신적 풍요는 분명하다.
그것을 알고 싶다면 도전해보되, 확실한 책임감을 가지고 되도록 유기견을
선택했으면 싶다. 한 생명을 억울한 죽음에서 구해주는 것도,
생명 존중이라는, 환경과 뗄 수 없는 소중한 실천이라고 믿기 때문이다.

두살의 툴툴와 툴툴이자친구 꼬꼬.

유기견을 비롯해 동물 보호와 관련된 다양한 단체들이 있는데 그중 몇 곳을 소개한다. 각 단체의 특성에 맞는 다양한 캠페인과 반려동물에 대한 정보를 얻을 수도 있다. 이곳에서 새로운 주인을 기다리는 유기견을 만날 수도 있다. KARA는 임순례 영화 감독님이 대표로 계신 동물보호시민단체이기도 하다.

- 동물보호시민단체 KARA www.withanimal.net
- 동물자유연대 www.animals.or.kr
- 한국동물보호연합 www.kaap.or.kr
- 한국동물구조관리협회 www.karma.or.kr

내 친구 토토

내가 키우는 개, 토토를 소개할까 한다. 토토는 내가 한참 배우로서 고민이 많았던 2004년 즈음 데려온 토이푸들이다. 그때는 부모님과 함께 살 때였는데 한 마리만 데려오면 외로울 것 같아 두 마리를 데려와 토토와 알프라는 예쁜 이름을 붙여줬다. 토토는 마론인형인 미미의 남자친구 이름에서 따왔고, 알프는 어릴 때 즐겨봤던 외화 시리즈의 주인공이자 외계인이었던 인형의 이름에서 따왔다. 비슷하게 생겼다 싶어서 붙인 이름이었다.

    토토와 알프는 오자마자 집안의 귀염둥이가 됐다. 그러나 아직 어린 새끼들인 데다 두 마리를 함께 키우니 도무지 훈육이 되지 않았다. 생긴 것도 비슷하고 배설물도 비슷해 누가 잘못했는지 잘잘못을 가리기도 어렵고, 혼을 내면 서로 도망을 가는 통에 한꺼번에 혼내는 것도 불가능했다. 때문에 교육시키는 것이 쉽지 않아서 토토와 알프 둘 다 온 식구에게 혼나기

일쑤였다. 개들은 주인을 닮는다고 했던가? 혼나도 자존심을 굽히지 않는 토토는 어릴 때의 나와, 겁이 많아 조금만 큰소리가 나도 움츠러드는 알프는 동생과 비슷했다. 엄마는 가끔 토토와 알프를 보면서 어쩜 너희 남매와 저렇게 비슷하냐며 기막혀했다.

얼마 전 독립을 하면서 나는 토토를 데리고 나왔다. 토토가 알프보다 붙임성도 있고 점잖아서 혼자 살 내게 더 어울린다고 생각했기 때문이다. 사실 그전에는 부모님이 개들을 씻기고 먹이고 거의 모든 것을 해주셨던 터라 개를 키운다는 부담이 전혀 없었다. 그러나 내가 독립을 하면서 이야기가 달라졌다. 내가 토토의 모든 것을 책임져야 한다는, 죽을 때까지 토토를 돌봐줘야 한다는 사명감이 생겼다고 해야 할까? 내가 보살펴야만 살 수 있는 존재라는 느낌이 확 들었다.

실제로 토토는 나에게 없어서는 안 될 정말 가장 가까운 친구다. 집에 돌아와 토토를 안으면 느껴지는 따뜻함도, 심장의 쿵쾅거림도 모두 내게 전해진다. 온종일 나를 기다렸다고 말하는 것 같다. 힘들고 지칠 때는 위로가 되고, 무섭고 두려울 때는 든든한 룸메이트가 되기도 한다. 혼자 속상할 때, TV를 보다 슬퍼질 때 토토를 안고 울 만큼 내게 토토는 반려동물 이상의 존재다.

알아보지 못해서 미안해

기분이 좋지 않을 때면 내게 달려오는 토토를 휙 밀어놓기도 하고 토토에게 온갖 짜증을 부리면서 잔소리를 한다. 그래도 토토는 묵묵히 받아준다. 언제나 조용히 곁에 있었기에 그걸 너무 당연하게 여겼다. 내가 야단을 치면 토토는 보란 듯이 하품을 쩍 한다. '또 시작했군. 왜 그러니 너?'라는 듯이 말이다.

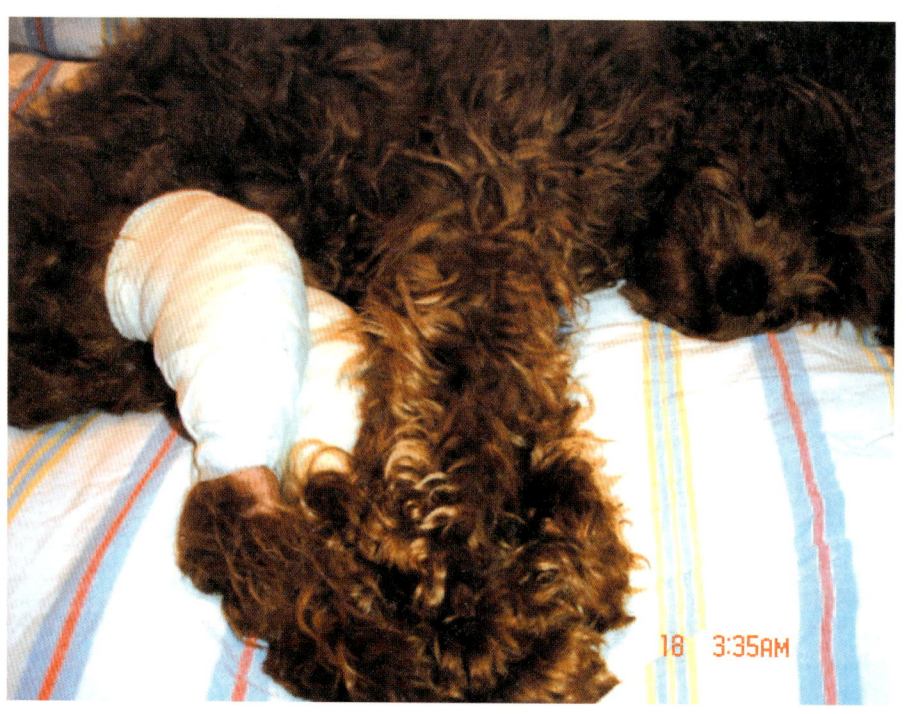

2005년 토토 다리수술...

어느 날 밤이었다. 자려고 하는데 원래 침대에 잘 올라오지 않는 토토가 발끝을 침대에 걸치고는 자꾸 위로 올라오려고 했다. 내가 밀어냈는데도 토토는 계속 올라오고 싶어했다. 다섯 번 정도 봐주다가 안 되겠다 싶어 혼을 내려는데 토토의 배가 너무 빵빵했다. 이상하다 싶어 밝은 데서 보니 녀석이 앉지도 못하고 비스듬히 몸을 기울이고 어쩔 줄을 몰라하는 것이었다. 원래 먹는 걸 밝히는 애도 아니었으니 뭔가 잘못된 것 같아 24시간 하는 동물병원으로 달려갔다. 선생님께서 주무시는지 아무리 초인종을 눌러도 문이 열리지 않아 그저 기다리고만 있는데, 그때 갑자기 심하게 토토가 구토를 했다. 저녁에 개껌을 준 게 탈이 났나? 내가 모르는 새에 이상한 걸 먹었나? 온갖 생각이 드는데 녀석이 또 한 번 많이 토했다. 두 번이나 토했으니 이제 됐겠지 싶어 조금 걷다 들어가자고 동네를 걸었다. 그게 새벽 4시였다. 그런데 평소에는 시간과 상관없이 밖에만 나가면 날개 달린 듯 뛰어다니는 토토가 조용히 따라왔다. 분명 어디가 좋진 않구나 싶었다. 일단은 집으로 돌아왔는데 토토는 그날 밤새 내 두 손 가득 구토를 다섯 번이나 했다. 토토가 잘못될까 너무 겁이 났다. 날이 밝고 병원에 가니, 뭘 잘못 먹었는지 배출이 되지 않고 딱딱한 게 위에 남아 문제를 일으켰다고 했다. 결국 토토는 며칠 후 수술대에 올라야 했다.

토토가 침대 위로 올라오려 했던 것은 나에게 아프다고 호소한 것이었다. 말을 할 수 없는 토토의 절실한 의사 표현이었다. 토토가 그렇게 아프다고, 좀 봐달라고 표현한 것인데 나는 계속 밀어내기만 했으니 내가 얼마나 야속했을까? 병원에서 돌아와 토토를 위해 죽을 쒀주면서 얼마나 울었는지 모른다. 그때 가슴속 깊이, 토토가 그냥 집에서 키우는 개가 아니라는 생각을 했다. 나와 소통하는 하나의 생명이었다. 나는 토토 덕분에 동물과 교감하고 소통하는 법을 배운 셈이다. 지금도 여전히 배우고 있지만.

경험해보면 아는 것

선입견이라고 할지 모르겠지만, 나는 동물을 키우는 사람들을 신뢰하는 편이다. 동물을 키운다는 사실만으로도 따뜻한 사람이라는 생각이 든다. 아무리 까칠한 사람이라도 동물을 산책시키고 보살피는 사람이라면 그 내면은 따뜻할 거라는 막연한 기대가 생긴다. 그래서 동물을 키우면서 느끼는 행복을 모르고 사는 사람들을 볼 때마다 평생 꼭 한 번 동물을 키워보면 새로운 세상을 만날 수 있을 텐데 하는 생각을 하곤 한다.

　　내 남자친구는 동물을 정말 싫어했다. 싫어한다기보다 무서워하는 쪽이었다고 해야 할까? 우리가 처음 사귈 때, 우리 집 고양이가 새끼를 낳아서 12마리의 고양이가 있었는데 그 친구는 우리 집에 놀러 올 때마다 고양이들을 저리 치우라는 말을 입에 달고 다녔다. 경직된 자세로 식은땀을 줄줄 흘리기도 했다. 사랑의 힘이 아니었으면 당장 튀어나갔을지도 모르겠다. 나중에 들은 얘기지만 어려서는 집 앞에 길고양이가 버티고 있으면 형에게 SOS전화를 하기도 했다고 한다. 언젠가 한번은 토토 때문에 그 친구가 엄청 놀랐던 적이 있었는데 그 일이 있고 나서 남자친구가 집에 올 때면 엄마는 토토와 알프를 눈에 띄지 않게 두곤 하셨다.

　　하지만 좋은 것은 나누고 싶듯이, 나는 혼자 사는 적적함과 외로움에 반려견이 얼마나 위안이 되는지 남자친구도 알았으면 하는 마음이 있었다. 마침 남자친구가 좀더 큰 집으로 이사를 가게 되어 나는 그에게 토토를 며칠 키워볼 것을 제안했다. 토토는 이미 다 훈련이 된 개였고, 우리 집에 오가며 얼굴도 익혔으니 괜찮다고 단단히 안심을 시켰다. 또 토토가 워낙 사람을 귀찮게 하거나 일을 만드는 스타일이 아니니 마음 놓고 맡아보라고 했다. 그리고 개를 키우면 좋은 점들에 대해 끊임없이 얘기해줬다. 한참을 망설이던 그는 "그럼, 그래볼까?"라며 아주 조심스럽게 내 제안에 응했다. 그렇게 토토와 남자친구의 불안한 동거가 시작됐다.

아슬아슬한 동거가 3일째 되던 날, 결국 사건이 터지고 말았다. 남자친구가 외출했다 집으로 돌아와보니 문에는 핏자국이 잔뜩 있고 토토가 발에 피를 흘리면서 그에게 달려왔던 것이다. 알고 보니 남자친구가 잠시 집을 비우면서 토토가 아무데나 '응가'를 할까봐 베란다에 내놓고 문을 닫았는데, 그가 외출한 사이 토토가 내내 문을 긁으면서 발에 상처가 났던 거였다. 너무 놀라 어쩔 줄 모르는 그에게 전화가 걸려왔고 나는 일단 토토를 안고 병원으로 뛰라고 했다. 한 번도 동물을 제대로 안아본 적 없는 남자친구는 그때 처음으로 동물을 안고, 그 생명을 살리기 위해 병원으로 뛰어갔다. 병원에 가면 개들은 유독 주인을 애처롭게 바라보며 끙끙대는데, 토토가 그에게 그랬던 모양이다. 남자친구는 처음으로 사람이 아닌 무언가가 자기를 두고 가지 말라고 간절히 보내는 눈빛을 읽었다고 했다.

다행히 토토의 발톱은 빠지지 않았다. 그리고 그 후 동물에 대한 남자친구의 거부감과 공포도 많이 사라졌다. 이제는 지나가는 큰 개를 만지기도 하고 길고양이가 길을 막고 있어도 지나갈 수 있게 됐다. 아주 작지만 조금은 동물에 대한 관심도 생겼다.

물론 어느 정도 시간이 필요하지만 반려동물은 완벽하게 진짜 친한 친구처럼 의지가 된다. 친구네 강아지는 친구가 속상해서 울거나 엄마랑 싸워서 방에 우두커니 혼자 있으면 자기가 가장 아끼는, 절대 뺏기지 않으려 하는 장난감을 물고 친구에게 온다고 한다. 자신의 최고 보물을 가지고 와서 "이거 너 줄게, 가져. 그러니까 울지 마"라고 말하는 것처럼 물끄러미 바라보다 놓고 간다는 것이다. 내가 오늘 양보할게, 너 속상하잖아, 분명 그런 의미일 것이다. 누군가 가장 소중한 무언가를 나에게 양보한다면 아무리 외로워도 위로가 되지 않을까? 나는 남자친구를 포함해 정말 더 많은 사람들이 동물과 교감하며 얻는 위안과 즐거움을 알았으면 좋겠다.

디이 ♥

4th Nov 09' 도토 ♥

TOTO0503

살아 숨 쉬는 모두가 행복하기를

동물을 키우면 모든 동물을 사랑하게 된다. 아이 엄마들이 지나가는 모든 아이가 예뻐 보이는 것과 비슷한 이치려나? 동물이라는 존재도 나와 관계없는 대상이 아니라, 나와 함께 살아가는 생명체라는 것을 절실하게 깨닫게 된다. 그리고 지구에서 살아가는 생명체가 인간만이 아니라는 것 역시 절실하게 느끼게 된다. 나와 한집에서 가족처럼 살고 있는 동물이 있고, 그러다보니 그들이 겪는 고통이나 아픔도 쉽게 지나치지 않게 된다.

언젠가 TV에서 미국의 양계장을 취재한 프로그램을 봤다. 병아리가 알을 깨고 나오면 바로 암컷과 수컷으로 나뉜다. 수탉은 알을 낳을 수도 없고, 고기도 암탉만으로 공급이 충분하기 때문에 수평아리는 쓸모가 없단다. 그래서 수평아리들은 솜덩이처럼 던져져, 한데 모여 가스실로 보내진다. 그러면 갓 태어난 생명은 처음의 싱그러움을 잃고 금방 병든 병아리가 되어 눈을 끔뻑거리다 고꾸라진다. 그 장면을 보면서 얼마나 울었는지 모른다. 죽기 위해 태어난 생명은 이 세상에 하나도 없을 텐데…….

여러분도 병아리와의 추억이 있을 것이다. 초등학교 때 학교 앞에서 산 예쁜 병아리가 단 며칠을 살고 죽어버렸던 일, 그래서 〈날아라 병아리〉의 가사처럼 병아리를 묻어줬던 일. 그때 4, 5일만 지나면 아무리 예뻐해줘도 눈을 끔뻑이면서 온몸을 덜덜 떨던, 단돈 오백 원에 내 품에 안겼던 병아리의 모습. TV 속의 병아리들은 나와 이별을 했던 그때 그 병아리의 모습이었다. 인간이 인간의 이익을 위해 다른 생명의 삶과 죽음을 마음대로 결정짓고 있었다.

어디 병아리뿐일까. 이 아름다운 지구에서 모두가 잘 살면 참 좋을 텐데, 수많은 생명들이 인간에 의해 살고 죽는다. 북극곰은 인간이 낭비하는 에너지 때문에 지금도 익사하고 있고, 바다거북들은 인간이 버린 쓰레기에 기도가 막혀 죽어가고 있다. 우리는 너무 인간중심적으로 살고 있는 건 아닌지 한번 생각해볼 필요가 있다. 우리에게 그들의 삶을 뺏을 권리는 없다. 또 그래서는 안 되지 않을까? 아마도 지구 사랑의 시작은 생명존중일 것이다. 나 아닌 다른 생명을 존중하는 마음, 그것이 불씨가 돼 좀더 나은 환경을 만들기를 갈망하게 되고 결국에는 실천으로 이어지게 되니까 말이다.

그때 화면 속의 병아리들을 떠올리니 좀 흥분이 된다. 어쨌든 난 이상하게 동물이 겪는 고통이 더 마음 아프다. 사람처럼 울거나 화내거나 구구절절 말할 수 없는 존재들, 말 못 하는 짐승이기 때문일까? 어떤 식으로도 인간에게 호소할 수 없다는 이유가 무척 가슴 아프다. 그래서 나는 자꾸 그들을 대신해서 이야기하고 싶은지도 모른다. 사람들이 관심을 가지고 돌봐줘야 하고 또 그들이 사는 환경을 지켜줘야 한다고. 궁극적으로는 사람들이 잘 살기 위해 지켜야 할 것이다. 그들이 안전하고 행복하게 살 수 있는 환경이 곧 사람들이 잘 살 수 있는 환경이니까.

그래서 나는 진심으로 바란다.
인간을 포함해서
지구상의 살아 숨 쉬는 모든 것들이
함께 행복하기를.

나도 이 책을 준비하면서 알았다.
궁금했던 것들, 헷갈렸던 것들에 대해 알아보고 물으면서
내가 해온 방법들이 틀렸구나, 좀 일찍 알아볼걸 후회하기도 했고,
이미 알고 있는 사실들이 틀리지 않았고,
잘 실천하고 있다는 걸 확인하고 뿌듯하기도 했다.

사실 글재주도 없는데 이렇게 컴퓨터 앞에 앉아 있으려니 자꾸 물만 마시게 된다. 글을 쓰고 있긴 한데 두서없는 것 같아 자꾸 앞으로 다시 돌아가고 있다. 여기까지 읽고 물음표가 느낌표로 바뀌었을까 걱정도 되고, 이게 책이 되긴 할까 두렵고 막막하기도 하다. 이런 내 맘을 아는지 모르는지 미미는 내 발 아래에서 개껌을 씹고 있고, 토토는 어슬렁어슬렁 걸어오며 이쪽에 관심을 보인다. 이 와중에 난 허리가 아프고.

창밖에서 귀뚜라미가 운다. 가을이 오고 있구나 싶다. 요즘 계절이 좀 자기 멋대로 오다 말다 한다. 그래서 지구에 문제가 있긴 있나봐 하는 말들을 요즘 자주 한다. 하지만 다들 걱정은 하는데 구체적으로 뭘 어떻게 해야 하는지 모르는 눈치다. 나도 이 책을 준비하면서 알았다. 궁금했던 것들, 헷갈렸던 것들에 대해 알아보고 물으면서 내가 해온 방법들이 틀렸구나, 좀 일찍 알아볼걸 후회하기도 했고, 이미 알고 있는 사실들이 틀리지 않았고, 잘 실천하고 있다는 걸 확인하고 뿌듯하기도 했다.

나이를 먹으니 개인적인 고민만 하게 되지 않는다. 나와 함께하는 사람들, 수많은 생명들, 우리가 살고 있는 사회의 문제들을 생각하게 된다. 아마 다른 많은 사람들도 나와 비슷할 것이다. 그렇지만 공개적으로 이야기하기는 어려워하는 것 같다. 잘 알지도 못하고, 또 안다고 다 제대로 실천하지도 못하고. 그래도 누군가가 먼저 속내를 열어 보이면, 아, 이 사람도 나와 같은 생각, 고민들을 하는구나, 나처럼 실수도 하는구나 하는 위안을 받기도 한다. 그래서 이번에는 내가 먼저 털어놓는다. 나의 고민들, 지금의 내가 생각하는 문제들.

스타일리스트가 바뀌면 서로의 취향을 알기 위해 처음에 함께 쇼핑을 다니는데 그럴 때마다 뭘 그렇게 한참 고민하냐며 의외라는 소리를 듣는다. 어느 단골 숍의 매니저는 오늘은 많이 사러 왔냐고 인사를 하곤 한다. 살 것처럼 한참을 살펴보고 서성대다 그냥 나오는 경우가 꽤 많기 때문이다. 사고 싶은 옷 앞에서 고민하는 이유는 여러 가지가 있겠지만 나는 일단 나에게 정말로 필요한지를 따지기 전에 다른 것들이 궁금해진다. 이걸 만드는 데 들어간 에너지가 얼마나 될까? 무엇이 희생되었을까?

무언가를 사는 순간에 쓰는 돈이야 내 지갑에서 빠져나가는 것이라지만 불필요한 소비를 위해 불필요한 생산이 있었다면 쓰지 않아도 될 에너지가 쓰였다는 소리다. 그건 곧 지구에 악영향을 미쳤다는 의미이기도 하다. 그래서 나는 뭔가 사고 싶어질 때, 지갑에 손이 갈 때 고민하게 되는 것이다. 이걸 사는 것이 환경에 얼마나 영향을 미칠지 말이다.

게다가 성격상 난 버리는 건 더 못한다. 10년, 심지어 12년 전 옷을 떠올리며 어디 갔지 하며 찾곤 한다. 유행은 10여 년 주기로 돌고 도는데, 그러다보면 중학교 2, 3학년 때 즐겨 입었던 옷들이 지금 딱 어울리는 시기가 온다. 예를 들어, 그 옛날의 리바이스 501 청바지와 청재킷. 그걸 찾아 지금 입으면 얼마나 멋질까? (물론 2010년 현재 패션 트렌드를 기준으로 말이다.) 어려서 신던 낡은 컨버스 운동화도 빈티지한 멋을 풍기는 최고의 아이템이다. 그래서 나는 웬만하면 잘 보관해두는 편이다. 언제 어떻게 다시 입게 될지 모를 일이니.

이런 내가 답답하다 여길 수도 있고 "뭘 그렇게까지"라고 말할 수도 있다. 요즘 세상에 안 쓰고 안 입고 살 수는 없는 노릇이라는 건 나도 잘 안다. 앞서 말했듯이 나도 쇼핑을 하고 써야 한다고 생각이 들면 쓴다. 하지만 늘 소비하기에 앞서 고민한다는 것이다. 무엇이 나를 위해서, 내가 지키고 싶은 것들을 위해서 최선인지 말이다. 뭐든 고민하는 순간에 시작된다. 변화는 거기에서 싹 트는 거니까. 그러니 지갑을 여는 순간에 한 가지만 더 생각할 수 있으면 좋겠다. 지금 내 손에 들려진 무언가에 에너지가 쓰였고 그만큼 지구가 아팠다는 것을.

하지만 그런 나 역시 지금까지도 '어쩔 수 없었어'와 '사지 말걸' 사이에서 오락가락하게 하는 일이 있었다. 그 문제의 여우털코트.

예쁘고 무서운(?) 여우털코트

어느 날 겨울 코트를 장만하러 숍에 갔는데 정말 한눈에 꽂힌 코트가 있었다. 코트를 사러 갔으니 맘에 들면 사면 그만이었겠지만 문제는 그 코트가 여우털로 만든 모피코트였다는 것. 토토와 미미를 키우고 있고 심지어 사람보다 동물을 더 돕고 싶을 때가 있는 나였다. 다큐멘터리에서 여우며 악어며 동물들의 털과 가죽을 뜯어내는 장면을 보여줄 때면 20초도 못 보고 울음을 터뜨리는 게 나다. 더군다나 환경에 대해 꽤 심각하게 고민하고 나름 노력하고 있던 당시였으니 고민이 '좀' 되는 수준이 아니었던 것이다.

그러나 패션의 끝은 모피라 했던가? 잠옷 차림에도 화려할 수밖에 없는 게 모피다. 환경에 대한 열정만큼 패션에 대한 열정, 욕심도 있는 나였다. 안 된다고 도리질을 하면서도 나는 그 자리를 떠나지 못했다. 입었다 벗었다 하기를 한 시간, '사면 안 되는데 예쁘긴 정말 예쁘다'라는 말이 입안에서 맴돌았다. 사면 안 된다는 이성과 갖고 싶다는 욕망이 충돌했다. 거울 속에 여우털코트를 입고 한껏 화려해진 내 모습과 가죽이 벗겨지면서 괴로워했을 여우가 반복적으로 지나갔다. 망설이고 망설이다 결국 다시 포기. 그렇게 되돌아섰다 다시 찾아가기를 세 번.

마지막으로 갔던 그날엔 세일 중이라는 비극적인(?) 소식까지 듣고서 나는 끝내 이성의 끈을 놓아버리고 코트를 집어들 뻔했다. 안 되겠다 싶어서 다른 곳에 가서 마음을 진정시키고 오겠노라며 성급히 숍을 나오는데, 그 모든 길에 동행했던 스타일리스트가 말했다.

"괴로워 할 거면 사지 마. 그런데 진짜, 정말 예쁘다."

"……."

정말 손톱만큼의 도움도 안 되는 조언.
결국 그 숍에 돌아가 그 코트를 붙들고 점원에게 말했다.

"이거 주세요."

가 아니라,

"죄송하지만 이해해주세요. 저는 동물을 보호하고 싶은 사람인데, 도저히 입을 수 없을 것 같아요. 여우가 너무 불쌍해요. 도대체 몇 마리의 여우가 희생된 걸까요? 심지어 지금은 이게 여우 시체의 가죽으로 보여요. 이해하시죠?"

"……."

그 점원은 얼마나 어이없었을까?

그러나 이야기에는 반전이 있는 법. 그 털코트는 지금 내 옷장에 걸려 있다. 어떻게 된 일이냐면, 그 일이 있고 6개월 후 아는 분이 유럽 출장길에 전화를 했다.

"효진 씨! 전에 말했던 그 퍼코트를 파리에서 반값도 안 되는 가격에 살 수 있어요! 어떻게 할래요?"

헉. 차라리 몰랐으면 모를까 반값도 안 되는 가격이라는 말에 나의 이성은 이미 전투력 상실.

"사다주세요!"

결국 그렇게 번민을 거듭하고 내 것으로 만든 털코트다. 하지만 쉽게 입지 못한다. 이렇게 예쁜 게 내 것이구나 싶어 좋다가도, 입는 순간 이게 여우 몇 마리일까를 생각하면 무서워지니까 말이다. 이거 없어도 얼어 죽지는 않는데, 그런데도 단지 예뻐서 이걸 입겠느냐 스스로에게 물으면 그렇다는 답을 할 수 없다. 만족과 죄책감 사이에서 여전히 갈팡질팡한다. 솔직히 패션에 대한 열정이나 욕망이 환경에 대한 의지와 상충할 때 나는 아직 분명하게 답을 내릴 수 없다.

그래서 나는 다른 방법을 찾았다. 소비를 포기하기 힘들어질 때, 그래서 나 스스로 금기로 삼은 것을 깰 때, 자기만의 핑계지만 소소한 작은 실천들을 더 꼼꼼히 한다. 학교에서 벌을 받는 학생처럼 말이다. "그래, 그때 그걸 샀으니, 더 많이 이로운 일을 해야 해"라면서. 이를테면 평소보다 더 샤워를 짧게 한다든가, 귀찮아서 콘센트에 꽂아둔 채 지냈던 플러그를 모조리 뺀다든가, 테이크아웃 커피를 꾹 참고 집에서 만들어 마신다든가 하는, 조금 더 나를 귀찮게 하는 일들로. 그러면서 반성한다. 다음에 조금만 더 이성적으로 결정해야지 하고.

하지만 이것 하나는 분명하다.
사고 싶다고 쉽게 지갑을 열지 않겠다는 것.
무엇이 옳은 것인지 열심히 고민을 하겠다는 것.
그것이 지금의 내가 할 수 있는 최선이다.
고작 이만큼이지만 이렇게 고민하고 싸우다보면
언젠가는 내 이성과 의지가 욕망을 압도하게 될 날이 오지 않을까?
그런 희망, 혹은 위안. 그걸 믿고 가는 것이 지금 나의 모습이다.
이 글을 읽는 여러분이 실망하지 않기를……

2007 '고양습니다' 촬영할 때
키웠던 고양이 '봄'이.

이상적인 소비란 무엇일까

그렇게 고민 고민하고 샀어도 시간이 지나면 흥미를 잃는다. '소유'한다는 것의 기쁨은 한 순간이다. 이미 내 것이 된 그 순간에 새것은 헌것이 되고 충족감은 하향곡선을 그린다. 익숙해지고 나면 다른 새것에 흥미를 가지게 되고 마는 것이다. 그렇게 차곡차곡 소비의 흔적들이 쌓이고 쌓이다 더 이상 둘 곳이 없어지면 그만 사들이는 게 아니라 쌓아놨던 것들을 '비운다.' 가장 쉽지만 최악의 방법으로 말이다. 버리면 딱 두 가지가 생긴다. 쓰레기와 새로운 소비를 위한 빈 공간.

그런데 버리지 않고 그 흔적들을 가지고 즐겁고 생산적으로 소비할 수 있는 방법이 있다.

남자친구도 패션에 관심이 많고 굉장히 옷을 좋아한다. 그러니 사들이는 것도 많을 수밖에 없다. 언젠가 그는 이삿짐 사이로 분류해놓은 '더 이상 입지 않는 옷' 박스들을 한참 바라봤다. 사던 순간에는 오감을 자극해 지갑을 열게 했던 것들이 버릴까 말까 고민하는 목록이 돼버린 것이다. 한참 생각하던 그가 그 박스들을 들고 선배의 카페로 갔다. 그곳에서 그는 그 '버릴까 말까 목록'에 올려놓은 애물단지들을 팔았다.

벼룩시장이었다.

그런 기발한 생각을 하다니. 그 하루가 지나고 다시 나타난 그의 손에는 그 묵직한 박스 대신 현금 다발이 들려 있었다(정말 '다발'이었다!). 버리면 쓰레기가 될 것들이 '돈'이 되어 나타났다.

알고 보니 크고 작은 벼룩시장이 서울에서만도 꽤 많이 열리고 있었다. 그곳에 가면 오만 가지 물건들을 다 만날 수 있다고 한다. 십 년 묵어 때가 찌든 가방이나 신발, 몽골 여행에서 사온 알 수 없는 물건들, 목이 늘어난 티셔츠 등등. 이걸 누가 사? 하는 것들을 누군가는 와서 사가지고 간다. 혹은 팔러 나온 사람들끼리 손님을 기다리다 물물교환을 하기도 한다. 그러다 다시 시장에 나오는 물건들이 생기고, 그게 또 팔리고. 내게는 익숙했던 것이 누군가에게는 새롭고 신기한 것이 된다. 누군가의 이야기가 담긴 것들이니 조금 특별한 의미가 되기도 할 것이다. 그렇게 버려지는 것 없이 쓰이고 또 쓰이는 그런 순환구조가 형성된다. 이곳에서는 쓸모없는 것도 버려지는 것도 없다. 분명히 무언가를 사지만 새롭게 쓰이는 에너지는 없다. 불필요한 낭비도 없다. 이상적인 소비라는 건 이런 게 아닐까?

어느 날 민희(여러분이 아는 그 민희가 맞다. 모델이자 배우인 김민희)에게서 집에서 벼룩시장을 연다는 문자가 와서 찾아간 적이 있다. 집 안에는 깨끗하게 세탁한 옷들이 걸려 있었고 음식들이 잔뜩 차려져 있었다. 그날 우리는 맛있는 걸 먹으면서 민희의 옷들과 그 옷에 얽힌 추억을 이야기했다. 재미있고 즐거웠다. 이럴 수도 있구나 싶었다.

안 사고 안 쓰는 것만이 최선은 아니다.
가장 현명하게
소비하는 방법을 찾는 것.

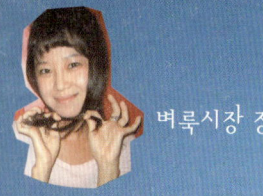

벼룩시장 정보

블링 플래툰 나이트 플리마켓

클럽 매거진 블링Bling이 복합문화공간인 플래툰 쿤스트할레 Platoon kunsthalle에서 밤에 여는 벼룩시장. 물건을 사고파는 것뿐 아니라 맥주나 칵테일을 마시면서 구경하고 음악을 즐길 수 있어서 클럽에 온 것 같은 느낌이 들기도. 벼룩시장이지만 직접 만든 옷이나 장신구를 팔기도 하고 일반인뿐 아니라 연예인들도 종종 셀러로 참여하기도 한다. 매달 첫번째 토요일, 오픈 시간은 때에 따라 달라지므로 자세한 사항은 블링 홈페이지에서 확인!
www.thebling.co.kr

뚝섬 아름다운 나눔 장터

아름다운가게가 기획한 벼룩시장으로 2004년부터 뚝섬유원지에서 정기적으로 열리고 있다. 책, 옷, 장난감, 그릇 등 정말 다양한 물품이 판매되는 곳. 젊은 사람들뿐 아니라 주부, 학생, 노인들까지 나와서 물품을 사고판다. 평균 가격이 500~2,000원인, 말 그대로 진짜 벼룩시장이다. 3월~10월 매주 토요일 오후 12시~4시에 열린다.(11월~2월은 동절기 휴장) www.flea1004.com

압구정 노리마켓

아트디렉터 박희정 씨와 그의 친구들이 시작한 벼룩시장이다. 압구정 로데오거리에서 열렸으나 지금은 Thankyoubaby 쇼룸에서 열리고 있다. 매달 첫째주 토요일 오후 2~6시.
www.thankyoubaby.co.kr

벼룩시장에 가져가서 판매하는 것이 부담스럽거나 어렵다면 '기부'해보면 어떨까? 버리지 않으니 좋고 또 누군가에게는 도움이 된다. 직접 기증할 만한 곳을 찾지 못했다면 녹색가게, 아름다운가게와 같은 단체를 이용해보면 좋겠다. 홈페이지를 통해서 기증에 관해 문의, 신청할 수도 있다.

전국 녹색가게 운동 협의회 www.greenshop.or.kr
아름다운가게 www.beautifulstore.org

우리 바꿔 써볼까?

이런 일도 있었다. 〈여고괴담2〉에 함께 출연하면서 친해진 영진이와 우연히 같은 디자인의 가방을 샀던 적이 있다. 영진이는 갈색, 나는 검은색. 한참 좋다고 메고 다니다가 싫증이 났을 무렵에 만난 영진이가 그 갈색 가방을 메고 나왔다. 우린 그날 잠시 서로의 가방을 바꿔보기로 했다. 바꾸고 나니 마치 새 가방을 산 것처럼 좋았다. 여섯 달쯤 후에 제자리로 돌아갔는데, 그 후로 종종 친구들과 시한부 물물교환을 하기도 한다. 이제 나에게 관심 밖의 것으로 친구에게는 새로운 즐거움을 주고, 나도 마찬가지로 그 즐거움을 얻는다. 무엇이든 상관없지 않을까? 가까운 친구의 것이 탐날 때, 마침 친구가 그걸 잘 쓰지 않는 눈치일 때 말해보는 거다. "너 요즘 그거 안 쓰지? 나 빌려줘라~. 넌 뭐 내 것 중에 눈독 들이던 것 없니?" 하고.

그리고 현재 필요 없는 새것을 선물 받으면 인심 좋게 선물을 한다. 얼마 전 출장길에 친한 포토그래퍼 언니가 면세점에서 아이크림을 보고 있길래 새것 그대로 보관하고 있던 아이크림이 있어서 주겠다고 했다. 그렇게 그날 회사 매니저 실장님과 그 언니의 소비를 막았다(아직 전달은 못 했지만 곧 전해줄 거다. 난 약속은 지키는 사람이니까). 어쨌든 장하다 효진!

배우란 직업이 참 좋은 게 새 모델이 나오면 이곳저곳에서 선물을 받는다. 나도 사람인지라 집에 있어도 욕심이 나서 마다하진 못한다. 새로 나온 크림인데 안티에이징이래, 쓰던 것 밀어두고 새걸로 써볼까? 하며 갈등도 한다. 그러나 당장 며칠이 좋을 뿐 금방 애물단지가 될 거라는 걸 알기 때문에 자제하려고 한다. 쓸데없이 열었다가 처치 곤란한 쓰레기를 만드느니 깨끗한 상태로 필요한 사람에게 주는 편이 훨씬 낫다는 걸 안다. 경험에서 우러난 깨달음이다.

학창시절에는 펜이나 노트를 갈아치우는 재미가 쏠쏠했다. 아직도 그 펜들이 서랍에서 청춘을 꽃피우지 못한 채 속절없이 늙어가고 있다. 20대엔 왜 그리도 립밤을 사들였는지. 가격이 부담되지 않는 필수품(?)들을 참 많이도 샀다. 그러다 어느 날 임수정 언니가 가방에서 꺼내 쓰던, 거의 끝이 보이는 립밤과 핸드크림, 손거울을 봤다. 매번 언니의 가방에서 나오던 참 익숙한 것들이었다. 그것들을 보고 '언니는 한 물건을 참 오래, 끝까지 쓰는구나' 생각했다. 알뜰해 보이기도 하고, 왠지 뚝심 있어 보이기까지 했다. 나도 물건을 샀으면 저렇게 끝까지 꼭 써야겠다고 다짐했다. 그래야 이로운 사람이지 싶었다. 그때부터 끝이 보이는 물건들이 더 멋져 보인다. 푹푹 파여 시간의 흔적을 남긴 것이 더 쓸 맛도 나고.

좋은 자극을 주는 사람은 참 멋지다. 이렇게 한 사람의 습관을 바꾸어놓으니 말이다. 나도 그런 사람이 되고 싶다. 가능하면 이 책을 읽는 당신에게!

리폼, 사지 않고 새것 만들기

사실 옷이란 게 처음에는 꼭 필요해서, 입고 싶어서 사지만, 싫증나면 다시는 쳐다보지 않게 된다. 그리고 요즘은 유행이 굉장히 빠르게 변하기도 하고, 패스트 패션이 대세라 다들 싸게 한철 입고 버리고 새로 사는 게 대수롭지 않아졌다. 버리는 것도 사는 것도 너무 쉽다. 나는 앞서 말했듯 잘 버리지 않는다. 성격이 그렇다. 그래서 싫증나고 지루해진 옷들은 내 취향에 맞게 내 맘대로 바꿔본다.

뜨개질이며 십자수, 꼼지락꼼지락 뭔가 만드는 걸 좋아하는 것도 성향이지만 리폼에 재미를 느끼는 건 그 때문만은 아니다. 아마 익숙한 것에 대한 애틋함이 있기 때문일 것이다. 쉽게 사지 않으니 한번 산 것들은 오래 소중히 잘 간직한다. 그래서 어느 날 자고 일어나 갑자기 '오늘은 그 바지 좀 잘라야겠다' 하고 옷장을 뒤져 고치고 싶은 바지를 찾아 가위로 쓱쓱 잘라내는 일이 내게는 자연스럽다.

언젠가는 재봉틀을 살 생각이다. 좀더 손쉽게, 좀더 다양하게 리폼을 해보고 싶다. 버려질 것들이 내 손에 의해 새로운 무언가로 탄생하는 기쁨은 대단한 것이다. 게다가 세상에 하나뿐인 물건을 만든다고 생각하면 자꾸 해보고 싶어진다.

재봉틀이 없는 지금까지는 이런 방법들을 써봤다. 살이 쪄서 좀 작아진 청바지를 가장 쉽게 늘리는 방법은 무릎을 트는 거다. 들어가긴 하는데 앉아 있을 때 무릎이 너무 낀다면 이 방법을 써보길. 갑자기 새 바지처럼 마구 입게 된다. 요즘 유행이기도 하지만, 일단 편하다. 너무 덜덜 떨면서 자르지 않아도 된다. 짝짝이로 구멍이 나면 어떠랴, 그게 다 멋이다. 아무리 봐도 이상하다면 아예 싹둑 잘라 반바지로 만들어 입으면 된다. 처박아두는 것보다 낫다.

티셔츠나 셔츠도 묵혀둔 지 1년 정도가 지나면
미련 없이 팔도 자르고, 허리도 자른다.
요즘은 하이웨이스트, 그러니까 배바지도 유행하니까
티셔츠가 조금 짧아져도 귀엽고 괜찮다.
리폼에도 다 길이 있다.

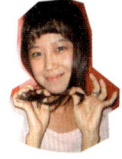 티셔츠

가장 쉬운 방법은 아크릴 물감을 사용하는 것이다. 나도 48구짜리 아크릴 물감을 샀다.
아크릴 물감은 색이 선명해서 예쁘고, 빨아도 물이 잘 빠지지 않아 리폼용으로는 그만이다.
아침에 일어나 갑자기 티셔츠에 그림이 그리고 싶어지면, 물감을 펼쳐놓고 예쁜 색을 골라,
쓰고 싶은 대로 쓰거나 좋아하는 글귀를 써넣기도 한다. 아니면 마음 가는 대로 붓질을 하기도 한다.
꼭 '작품'일 필요는 없다.

+α 십자수실을 이용하면 티셔츠가 더 아기자기하게 예뻐진다.
  자기가 좋아하는 색깔로 간단히 수를 놓거나 글자를 새겨도 변화를 주는 데는 그만이다.

 청바지

핏이 퍼지는 벨 버튼일 경우, 그냥 세탁소에 가서 아래쪽을 줄인다.
폭을 줄이는 것만으로도 전혀 다르게 변신한다.
밑을 잘라 길이를 줄이거나 구멍을 내기도 한다.
내가 가진 옷 중에 뜯어진 것은 대부분 나 스스로 뜯은 것이다.
뜯을 때 요령은 살짝 가위로 자르고 손으로 좍~ 뜯어야 느낌이 난다.

- 작아서 불편하다 싶어 팽개쳐둔 바지는 무릎에 가위로 선을 내 툭 터서 입거나,
  바지 골반 위 허리띠 부분의 중앙을 가위로 살짝 잘라준다.
  그렇게 하면 볼썽사납게 밥 먹다 말고 앞 단추를 풀어놓는 일은 피할 수 있고
  꼭 세탁소에 가서 허리를 늘리지 않아도 간편하게 해결할 수 있다.

하늘색 붕붕이

  얼마 전 한동안은 아예 차를 사용하지 않고 지냈던 적이 있었다. 가지고 있던 큰 차는 특별한 때가 아니면 굳이 필요하지 않았다. 배기량이 큰 차를 나 혼자 타면서 아깝다는 생각이 들었다. 대중교통을 이용하면 좋겠지만 얼굴이 알려진 배우에게 쉬운 일은 아니다. 그래서 차라도 작은 차로 바꿔야지 싶었는데 차일피일 기회를 놓치면서 일 년 반 동안 차 없는 생활을 하게 된 것이다. 스케줄이 있어 이동할 때는 매니저의 도움을 받고 장거리 이동에는 남자친구나 친구들의 차를 얻어 타면 됐기에 큰 불편함 없이 생활할 수 있었다. 그렇다고 언제나 늘 다른 사람의 도움을 구하는 것도 미안하고 가끔은 혼자 여행을 떠나고도 싶어 다시 차를 사야겠다는 생각에 알아보기 시작했다.

  단순히 작은 차가 아니라 환경에 도움이 되는 차를 사고 싶었다. 그래서 좀더 친환경적이라는 하이브리드 차를 사려고 알아봤다. 하지만 아직 보편적으로 상용화되지 않았고, 건전지의 수명을 따졌을 때 100퍼센트 친환경적이지는 않다는 이야기를 들었다. 하지만 그럼에도 불구하고 현재로서는 환경적으로 가장 우수한 차는 하이브리드 차라는 걸 알게 됐지만, 그때는 이미 경차를 선택한 뒤였다.

  어쨌든 내가 선택한 것은 연비가 리터당 19km가 나오는 하늘색 경차였다. 원래 나는 검은색 차를 좋아하는데, 이왕이면 거리를 밝게 하는 차를 사고 싶다는 생각에 하늘색을 선택했다. 경차다보니 언덕에서 힘이 좀 달리기도 하는데 그럴 땐 마치 친구에게 하듯 차에게 힘내라고 격려하고 응원한다. 가파르고 힘겨운 언덕을 무사히 넘으면 나까지 뿌듯해지는 느낌이다. 이렇게 여러 날을 지내면서 그 차에 대한 애정이 남달라졌다. 좀 모자라서 정이 간달까?

  사람들은 점점 더 좋은 걸 선호하게 된다. 아무 이상이 없음에도 좀더 좋은 기능의 핸드폰이 나오면 또 사고 싶은 것처럼, 더 나은 기술과 많은 기능의 물건을 갖고 싶어한다. 어른들은 차도 그렇다고 했다. 배기량이 큰 차를 타다가 작은 차를 타면 그전만 못한 것 같고, 답답해지기도 한다는 것이다. 나도 모든 게 전자동화된 차가 최고의 차라고 생각했던 때가 있었다. 예를 들어 시트에 열선이 깔려 있어 겨울에 엉덩이가 따뜻하고, 핸들이 따뜻해지기도 하고, 후진할 때 줄도 맞춰주는 그런 차. 그러나 지금의 내 차는 후방 카메라도 없고, 가죽 시트도 아니다. 아주 간단한 옵션만 있고 응원을 해줘야 할 정도로 언덕을 천천히 올라간다. 그럼에도 불구하고 정말이지 깜찍하다. 내심 걱정했지만 지금은 그 어느 때보다도 내 차에 만족한다. 차가 작아서 주차도 편하고, 경차 우대도 받는다. 또 좁은 골목길에서 난감할 일도 없고, 긁힐 걱정도 없다. 혼자이고 싶을 때 드라이브만큼 좋은 게 없는데, 연비가 좋으니 기름 낭비라는 이성과의 충돌도 좀 적어졌다.

한없이 높아지는 눈을 다시 제자리로 돌려놓고 싶을 때 레벨 10에 있던 내 기준을 다시 레벨 3쯤으로 옮겨두면 다시 4, 5, 6을 위해 천천히 가게 된다. 우리의 마음은 종종 이렇게 재정비가 필요하다. 이것이 좌절 없이 나이 들어가는 썩 괜찮은 방법인 것 같다. 한없이 높아져만 가는 내 욕심을 컨트롤하는 것, 나 스스로 내 기준의 단계를 내리는 것.

어려서는 배우라 좋은 차에서 내려야 할 것 같았고, 기존에 타던 차보다 작은 차는 못 탈 것 같은 괜한 편견이 있었지만, 철이 들었는지 지금은 그게 다 무슨 소용인가 싶다. 오히려 애물단지를 애지중지 모시고 다니지 않고, 내가 가고 싶은 곳에 편하게 다닐 수 있어서 더 좋고, 무엇보다 에너지를 적게 쓰고 움직일 수 있다는 게 참 마음에 든다. 뭐, 나도 사람이니까 또 언젠가는 좋은 차를 타고 싶은 마음이 들 때가 오지도 모르겠다. 그렇지만 지금은 그 어떤 것보다도 지구와 환경을 생각하고 싶다.

지난여름에는 이 차와 함께 장거리 여행을 다녀왔다.
영화 〈소와 함께 여행하는 법〉을 전국을 다니면서 찍었는데
그때 우리나라에 참 좋은 곳이 많구나 싶어
여름에 국내 여행을 해야겠다고 마음먹었다.
결국 드라마 〈파스타〉를 끝내놓고 이 차를 타고 남해와 통영을 다녀왔다.
며칠 동안 장거리 여행을 다녔는데 정말 훌륭한 여행 파트너가 되어졌다.

차안에서 만난 유난히
맑은 봄의 하늘
한남대교 위를 달리는 하늘색 붕붕이.

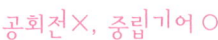

공회전 X, 중립기어 O

공회전하는 차는 시속 50km로 주행하는 차보다 20배나 많은 오염 물질을 배출한다. 게다가 시동이 꺼진 시간이 6초 이상만 되면 재시동에 드는 연료보다 더 많은 기름을 아낄 수 있단다. 도로교통법규상으로도 정부가 대기오염 측면에서 5분 이상 공회전하면 단속 대상으로 정해두고 있다고 하니 알아두는 게 좋겠다.

결론은 가급적 공회전을 하지 않는 게 여러 모로 좋다는 거다.

+α 신호 대기나 정차 시 시동을 끄지 않을 때 기어는 중립에 두는 것이 지구 온난화 예방에 도움이 된다고 한다. 특히 이때의 온실가스 배출량은 최대 64% 감소하며, 이것은 소나무 8,920만 그루를 심는 효과와 같다고. 나 역시 신호에 걸려 대기할 때 꼭 기어를 중립에 둔다. 물론 잠시 정차할 때는 공회전을 하지 않기 위해, 시동을 끄는 것도 잊지 않는다.

달리는 차안에서
창밖보기 좋아하는 도로
남해여행중.

길 위에서 드는 생각

지금 살고 있는 곳은 걸어갈 수 있는 거리에 가게나 카페 같은 곳이 충분히 있고, 한강도 가깝다. 그래서 사람을 만날 때도 동네에서, 간단한 산책이나 나들이도 동네에서 해결할 수 있다. 그렇기 때문에 굳이 차가 없어도 사는 데 큰 불편이 없었을 수도 있다. 덕분에 나는 많이 걸어다녔다. 차가 없어서라기보다, 친구를 만나기 위해, 토토와 산책을 하기 위해, 생활을 위해, 어느 때는 나 자신을 돌아보기 위해.

그런데 이렇게 다니면서 마음에 걸리는 게 두 가지가 있다. 하나는 밤에도 너무 환하다는 것이다. 칠흑같이 어두운 것 또한 도시와 어울리지 않겠지만 요즘의 야경은 아름다움을 넘어 지나친 것 같다. 특히 사람들이 모두 퇴근하고 없는 텅 빈 가게가 환하게 불을 밝히고 있으면 꼭 그래야 하나 싶다. 마케팅의 목적이 크겠지만 그 밤에 그 거리를 지나는 사람들이 얼마나 그 불빛에 관심을 둘까? 나도 그렇지만 그 시간 대부분의 사람들은 아마도 쇼윈도 안의 디스플레이 따위는 안중에도 없을 것이다. 그래서 어둠이 내려앉은 거리에는 말갛게 예쁜 가로등불이면 충분하다고 생각한다. 그게 밤에 어울리는 풍경이고 밤의 색이 아닐까.

그리고 다른 하나는 바로 쓰레기통이다. 앞서 말했듯이 우리 집은 한강과 꽤 가까운 편이다. 조금만 걸어나가면 아파트 숲 뒤에 숨은 한강과 만날 수 있다. 나도 한강을 좋아하지만 토토에게도 그곳은 최고의 놀이터다. 잔뜩 흥분을 하고 뛰어다니면서 한시도 가만히 있지 않는다. 나도 이곳에서 친구들과 만나 자전거도 타고, 가끔은 강가에 앉아 캔맥주를 마시거나 간식을 사먹기도 한다. 그런데 먹을 때는 좋지만 항상 먹은 후가 문제다. 한강이 공원의 역할을 충분히 하고 있음에도 불구하고, 음식물을 처리할 수 있는 쓰레기통이 전혀 없다. 편의점 안이나 근처가 아니면 음식물 쓰레기는 물론이고 분리배출을 할 수

2008 여름의 한강공원.

있는 수거함도 찾아보기가 어렵다. 나도 결국 남은 음식물은 어쩔 수 없이 쓰레기통에 한꺼번에 버리거나 그것도 여의치 않을 때는 쿨~하게 내 뱃속에 처리하곤 한다.

 물론 음식물 쓰레기를 버리지 않는 것이 최선이지만, 다양한 경우를 생각해서 공공장소에 음식물을 수거할 수 있고 분리배출 가능한 쓰레기통이 잘 구비되어 있었으면 싶다. 쓰레기통 속에서 모든 쓰레기들이 라면 국물이며, 먹다 남은 맥주에 흠뻑 젖어 있는 걸 보면 씁쓸하다.
 조금만 신경 쓰면 될 것 같은데, 어려운 일인 것일까?

 아직까지 공공장소에 생각만큼 체계적으로 쓰레기통이 구비되어 있지 않은 데에는 무슨 이유가 있을 것이라고 믿는다. 그럴 만한 사정이 있겠지만 가능한 범위 안에서 조금은 개선되었으면 좋겠다. 그래도 그전에 일단 내가 만든 쓰레기는 내가 챙겨오는 것이 우선되어야겠지만 말이다.
 일단은 내 쓰레기 챙겨오는 것만이라도 잘 지켜봐야겠다. 토토와의 즐거운 산책이 오래오래 계속될 수 있기 위해서라도.

 나도 이번에 알았다. 간판에 쓰이는 전기는 일반용 전기로,
 주택용 전기요금과 달리 누진제를 적용받지 않는단다.
 (결국 일반용 전기의 비용 중 일부를 가정용 전기요금에서 충당한다.)
 그렇게 간판을 밤새 켜두고도 한 달에 내는 전기요금이
 약 1만6천 원~6만6천 원 정도일 때, 같은 수준의 전력을 가정에서 쓴다면
무려 23만6천2백 원을 내야 한다고. 이럴 수가 있나?
그리고 옥상 전광판을 제외한 형광등 간판과 네온사인 간판의 30%가 하루에 2시간만이라도 조명을 끌 경우에 연간 전체 595억 원 규모의 에너지 절감이 가능하단다.
정말 부탁하고 싶다. 밤에는 간판 조명을 꺼주세요.

밥 먹으러 집으로 가자

요리는 혼자 사는 사람들과 가장 친하지 않은 단어 중 하나다. 음식을 집에서 해먹는 게 건강에 가장 좋다는 걸 알지만 끼니를 열심히 챙겨 먹기란 결코 쉽지 않기 때문이다. 혼자 먹는 밥만큼 맛없는 게 없다고, 혼자 살다보니 나 하나를 위해 애써 요리를 하게 되지 않는다. 게다가 맘먹고 장을 봐서 뭔가를 만들다보면 꼭 재료가 남기 일쑤고, 그걸 잊어버리고 2, 3일 지나면 냉장고 안에서 썩기 마련. 그러다 어느 날 냉장고 문을 열고 물컹해진 채소를 보며 다시는 아무것도 만들어 먹지 않으리라 다짐하게 되는 것이다. 친구와의 외식도 한두 번, 곧 배달음식 전단을 뒤적이며 전화를 걸고 있는 나를 발견하게 되는 것이 일반적인 마무리. 엄마가 보내준다는 김치도 사양하게 될 때쯤 냉장고에는 물과 캔맥주 정도만이 열 맞춰 있게 되는 법이다.

그래도 다행히 나는 밥을 해먹으려고 노력하는 편이다. 독립하기 전에 엄마랑 같이 살아서 늘 집에 밥이 있었으니 사먹는 게 익숙한 일이 아니었다. 그때는 밥 냄새에 깨서 아침밥을 먹고 다시 잘 만큼 밥은 잘 챙겨 먹었다. 그러니까 나는 눈을 뜨고 바로 밥 먹는 것에 아무런 문제가 없는 사람이었다(당시 내 위는 정말 튼튼한가보다 생각했었다). 예전에 친구들과 여행을 갔을 때 내가 아침에 일어나자마자 밥을 먹고 있으면 친구들이 이해할 수 없는 눈빛으로 묻곤 했다.

"눈 뜨자마자 그게 넘어가?"

친구들은 아침에 뭘 먹으면 목구멍으로 모래 넘어가는 것 같아서 몇 시간 후에나 먹을 게 생각난다고 했다. 그런가? 난 잘만 넘어가는데.

그러나 그건 옛날 얘기. 혼자 살면서 상황이 바뀌었다. 밥 냄새에 눈을 뜨고 나올 수도 없었고 더 이상 "엄마 밥 줘" 한마디로 해결되지도 않았다. 내가 무언가를 직접 만들어서 입에 넣어야 할 형편이 되니 나 역시 일어나 두어 시간은 지나야 밥이 목으로 넘어가게 됐다. 혼자 살면서 알게 됐다. '꾸역꾸역' 먹게 되는 그 느낌. 정말 아침에 뭘 먹기가 싫어졌다. 게다가 가끔 위가 아프기까지 했다. 결국 나도 앞에서 이야기한 그 순서를 따라 시켜 먹는 게 습관이 됐다. 그러던 어느 날 한 50장 정도 되는 전단을 들고 뭘 시켜 먹을까 괴로워하는 나를 발견했다. 전단에 있는 산해진미는 됐고 그냥 미역국에 만 밥을 김치 한 조각 얹어 떠먹고 싶은 마음뿐이었다. 그것도 아주, 간절히.

그렇다고 간신히 뭘 해먹으려고 장이라도 볼라치면 또 고민이 된다. 이걸 사서 다 먹을 수 있을까? 또 결국은 썩은 음식물 치우면서 스트레스 받지나 않을까? 버리면서 괴로운 것보다 뭘 시켜 먹을지 고민하는 게 나은 게 아닐까? 그런데 음식물이 남더라도 집에서 밥을 해먹는 게 더 낫다는 얘기를 들었다. 집에서 해먹든 시켜 먹든 그 음식을 만들기 위해서는 어차피 식재료도 쓰이고 에너지도 쓰인다. 하지만 배달음식은 일회용품들도 많고, 배달하고 수거하는 데 오토바이를 타고 움직이니 에너지가 필요하다. 남은 음식물도 내가 버리는 것보다는 덜 신경 써서 버려질 게 뻔하고 말이다. 그러니 나처럼 혼자 살더라도 해먹을 만큼 해먹고 남기지 않으려고 노력하고 그래도 안 되면 잘 버리는 한, 해먹는 게 더 낫다고 한다. 물론 이런 시행착오를 겪었다면 딱 먹을 만큼 해먹는 요령을 터득하고 결국에 음식물 쓰레기를 만들지 않도록 신경을 써야 한다. 그게 지구를 살리는 살림꾼인 거라고 환경 문제를 걱정하는 10년차 주부에게서 직접 들은 이야기다. 음식물 쓰레기 배출량을 떠나서라도 집에서 먹는 밥은 여러 가지 환경 문제를 줄이는 일이라고 한다. 그래서 어떤 환경 책은 제목에서부터 말하고 있단다. 밥 먹으러 집으로 가자고.

2010 가을
야채가 푸짐한 오믈렛!

이루고 이루던 대낮의 설거지 한판.

...ST BE DONE!
...이닝 ◎
...응

...을 잡보기!
..., ..., ...들)
~~..........~~ ✓

낭비하지 않고 장 보는 법

친구랑 함께 장을 보면 된다. 일과가 끝난 저녁에 장바구니를 챙겨 함께 장을 보고, 각자 먹을 만큼 나누는 식이다. 파 한 단도 반으로, 복숭아 한 바구니도 반으로, 고등어 한 손도 반으로, 이런 식으로. 계산하고 나눠 담고 하는 게 아주 조금 번거롭긴 하지만, 그러면서 친구의 식성도 알게 되고 서로 정보를 나누면서 새로운 관계가 형성된다.

꼭 차를 마시거나 근사한 곳에서 식사를 하면서 시간을 보내지 않아도 얼마든지 친구와 즐거운 대화를 나눌 수 있다. 필요한 걸 원하는 만큼 사서 낭비하지도 않고, 친구와 좋은 시간도 보낼 수 있는 좋은 아이디어라 생각한다.

링거보다 나은 직화구이

촬영 일정이 잡히면 어쩔 수 없이 밖에서 끼니를 해결하게 된다. 직장인들처럼 저녁에 퇴근하는 직업이 아니라서 며칠이고 밤낮 없이 촬영장에서 지내기도 한다. 그렇게 되면 정말 힘들다. 몸도 지치지만 마음도 지친다. 일도 일이지만 먹는 것 때문에도 그렇다. 자연스레 밥차 아니면 배달음식인데, 배달을 시키면 촬영장의 인원도 인원인지라 랩 포장이며 일회용 용기들이 겹겹이 쌓여간다. 다들 일하느라 예민해져 있는데 이것까지 같이 신경 쓰자고 말하기엔 조심스럽다. 그리고 그 맛이 그 맛인 조미료 범벅의 음식을 한두 번도 아니고 매 끼니 먹으면 어떻게 해도 좋을 수가 없는 노릇이다.

드라마 〈파스타〉를 찍을 때였다. 석 달 동안 거의 매일 철야를 하며 촬영을 했다. 밤이 되면 출출해지고 배가 고픈데, 세트장 근처에는 변변하게 먹을 것이 없었다. 매일 먹는 햄버거, 김밥도 물리고 처음에는 좋아했던 파스타도 지겨워졌다. 원래 나물 종류나 두부같이 담백하거나 상큼한 음식을 좋아하는지라 좀 신선한 걸 먹고 싶었다. 잠을 못 자고 일을 하는데 먹는 것도 부실하니 그야말로 신경이 뾰족하게 곤두섰다. 매번 "뭐 드시겠어요?"라며 내 결정만 기다리는(당시 내 느낌엔 얼른 고르라고 매번 닦달하는) 매니저에게 짜증도 많이 부렸다. "아, 몰라! 거기서 거긴데 뭘 자꾸 고르래! 그런 고민 좀 시키지 마앗!"

그러다 머리에 스친 게 있었다. 홈쇼핑에서 본 직화구이 냄비였다. 어쩜 그런 기특한 생각을 해냈는지. 다음 날 매니저에게 부탁해 직화구이 냄비와 고구마, 감자, 단호박, 계란 등을 준비했다. 그리고 현장에서 맛있게 구워먹었다! 가끔 디저트로 과일도 곁들여서. 자극적이지 않고 담백한 음식을 먹으니 그제야 살 것 같았다. 무엇보다 조미료가 들어간 음식보다 별로 물리지 않아서 좋았다. 나중에는 촬영장에 고소한 냄새가 나면 스태프들이 다 알아챘다. '효진이가 또 뭘 구워 먹는구나' 하고.

링거 맞는 것보다 몸에 좋은 필요한 영양소를 직접 섭취하는 게 훨씬 피로회복에 도움이 됐다. 아마도 화학조미료를 넣지 않은, 있는 그대로의 자연식의 힘이 아닐까 싶다. 환경적이고 맛도 있으면서, 소화도 잘되고, 천천히 음식이 되는 동안 여유도 생기고, 게다가 살찔 염려도 없는 정말 최고의 식단이 아닌가! 게다가 그 껍질은 화단에 거름으로 뿌려줘도 나쁠 거 없잖아?

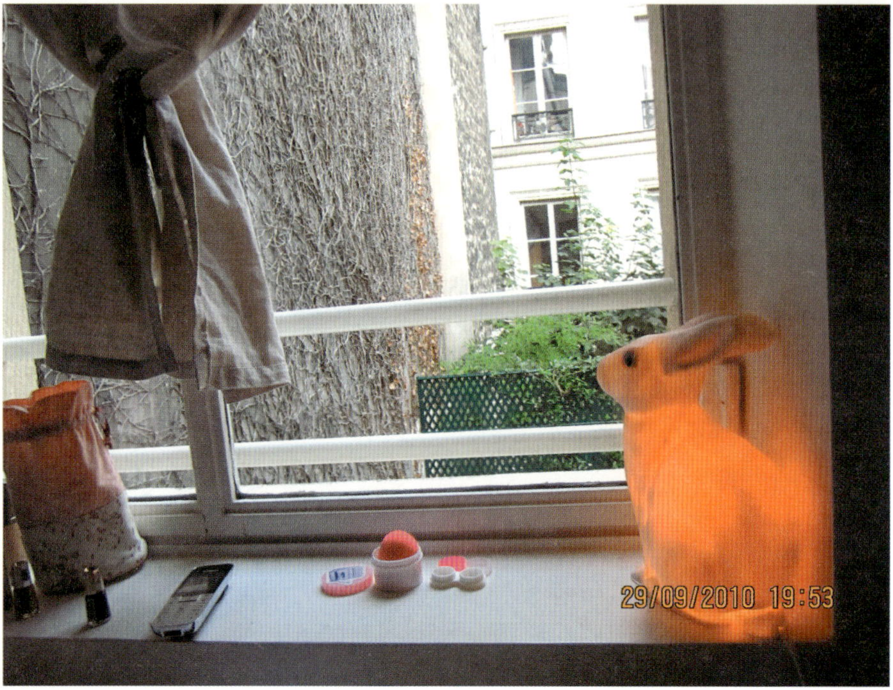
29/09/2010 19:53

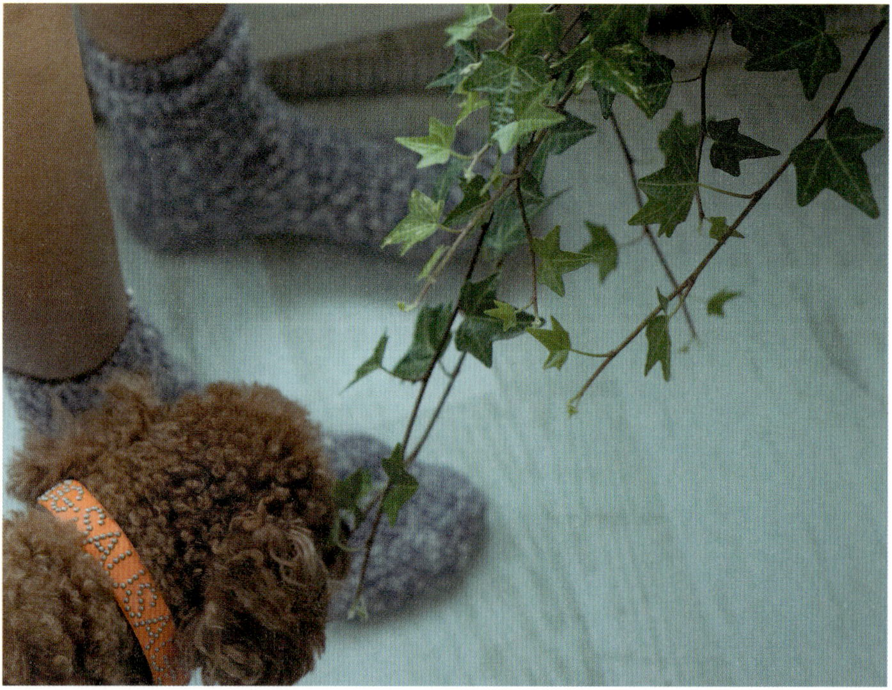

분리수거의 두 얼굴

나는 분리배출을 철저히 하려고 늘 노력하는 편이다. 쓰레기를 배출하지 않고 살아갈 재간은 없으니, 분리배출이라도 열심히 하는 것이 내가 할 수 있는 최선이기 때문이다. 그래서 플라스틱 주스병에 붙은 비닐도 따로 떼어 분리하고, 청구서의 주소란에 붙은 비닐도 일일이 제거한다. 쇼핑백의 손잡이 부분도 분리하고, 비닐에 붙은 스티커들도 다 떼어내야 직성이 풀린다. 어쩌면 직업 특성상 시간이 많아 할 수 있는 일인지도 모른다. 나도 매일매일 꽉 짜인 일상을 살았더라면 '뭘 그렇게까지……'라고 했을 수도 있다. 하지만 어쨌든 내가 놓인 환경에서 그게 필요하다고 생각하고 신경을 쓰다보니 조금 더 철저해진 건 사실이다.

하지만 이렇게 하면서 늘 궁금했다. 과연 어디까지 분리배출을 해야 하는 걸까? 이렇게까지 하는 게 도움이 되긴 하는 걸까? 종이면 어디까지 재활용이 되는 것인지, 잔뜩 코팅이 된 광고전단은 재활용 종이로 분리해도 되는 것인지, 비닐이나 플라스틱, 스티로폼들은 어떤 식으로 재활용(혹은 재사용)되는 것인지 너무 궁금했다. 인터넷을 찾아보면 다 나온다지만 컴퓨터를 즐겨 하지 않는 나로서는 쉽게 알아낼 수 없었다. 또 찾더라도 확실히 잘 이해하지 못했다. 그런데 이 책을 내려고 준비하는 중에 환경 문제를 잘 알고 나름대로 대안적인 실천을 하시는 선생님을 알게 됐고, 그분과 만난 자리에서 이런 것들을 여쭤봤다. 선생님 말씀을 듣는 순간 나는 허탈해 주저앉을 뻔했다.

결론은 지금의 시스템으로 완벽한 분리배출은 가능할지 모르지만, 완벽한 재활용과 재사용은 불가능하다는 거였다. 우리가 아무리 철저하게 분리배출을 한들 실제로는 재활용이나 재사용과 관련된 산업이 그만큼 발달하지 않기 때문이라고 한다. 그나마 재활용이 되는 건 우유팩과 알루미늄캔, 페트병 정도이고 규격화된 유리병(콜라, 소주, 맥주 병 같은 병 등) 정도가 재사용되고 있다고 했다. 그리고 그 또한 100퍼센트 재활용되거나 재사용되는 것도 아니라고 했다. 더구나 분리배출 표시가 없는 비닐이나 거울 같은 유리류 따위는 일반쓰레기로 매립되거나 소각되고 있는 것이 현실이란다. 그리고 소비자들이 재활용 제품에 대한 인식이 미비하다는 것도 문제라고도 했다. 생산해도 팔리지 않으니 굳이 돈을 들여 재활용품 산업을 시작하려는 기업이 없다는 것이었다.

허탈했다. 그렇게 꼼꼼히, 열심히 분리배출을 하는데 그게 아무 소용이 없다니. 플라스틱이나 비닐처럼 매립해도 잘 썩지 않고, 태우면 안 좋은 발암물질이 나오는 재활용 쓰레기들은 재활용해야 하고, 또 그렇게 하고 있을 것이라는 게 나의 상식이고 나의 믿음이었다. 그런데 그 상식과 믿음에 이런 답이 돌아올 줄이야. 당황스러움에 배신감마저 들었지만, 그보다 어디서부터 어떻게 해결해야 할지, 근본적인 대책은 없는지 고민스러웠다.

물론 나나 사람들이 일회용품을 덜 쓰고 철저히 분리배출을 하는 것이 옳은 일이다. 분리배출이 잘돼야 그걸 활용하는 산업도 발전할 테니까. 그러나 이건 결국 나를 포함해, 버리는 사람들의 노력만으로는 어림없는 일이라는 결론인 거다. 생각해보면 단순히 경제적인 측면만을 생각할 문제가 아니다. 지구가 살아야 사람들이 살고, 그래야 국가든 기업이든 존재하는 것일 테니까. 그러니 기업들도 생분해되는 소재를 사용해 포장용기를 만들고, 확실히 재활용이 가능한 용기를 쓰도록 해야 하지 않을까? 그럴 수 있도록 나라에서 권장하고 필요하다면 도움을 줄 수도 있을 것이고. 개개인의 노력을 요하는 것만큼 기업과 나라의 적극적인 대처도 분명히, 절실히 필요한 부분이라고 생각한다.

그렇다면 지금 내가 할 수 있는 건 뭘까?

비록 나처럼 철석같이 믿고 있는 사람에게 의욕을 뚝! 떨어뜨릴 만큼 답답한 현실임은 분명하다. 하지만 그렇다고 이제 맘 편히 버리자? 그건 또 아니다.

어쨌든 우리는 열심히
분리배출을 하는 게 옳다고 본다.
가능한 한 일회용품 사용과
쓰레기 배출을 줄이고
더 꼼꼼히 분리배출을 하는 게
최선이라고 생각한다.

별것 아닌 듯 보이는 일이라도 많은 사람들이 하면 어마어마한 일이 되지 않을까? 나도 변했으니 누군가도 변하고, 그 누군가가 모이면 기업과 나라도 변하고. 내가 열심히 분리배출을 하는 것에 반해 현실은 씁쓸하지만, 그래서 앞으로 꼭 좋은 소식이 들려와야 하지만, 그로 인해 나는 달라지지 않을 생각이다.

'그러니까'가 아니라
'그럼에도 불구하고'의 마인드로,
지금처럼 앞으로도 쭉!

다행썼다~
남자.

그럼 이제 내가 하고 있고
손쉽게 같이할 수 있는 것들을 이야기할 차례가 왔다.
나도 몰랐지만, 알게 된 것들을 같이 나누고 싶다.

집 창문에서 본 정말 맑은 하늘.

내가 하루에 제일 먼저 하는 건 창밖을 내다보고 하늘을 보는 것. 하늘을 보고 오늘 날씨는 어떤가? 하늘은 맑은가? 체크해본다. 그날의 날씨가 그날의 분위기를 만드니까. 빨리 씻고 밖으로 뛰쳐나가고 싶은 날의 하늘과 모든 게 귀찮다 싶은 하늘. 그날그날의 하늘이 모두 다르다.

그런데 언젠가부터 하늘을 보며 자주 '왜 서울 하늘은 이렇게 뿌옇고 먹먹할까?'라는 생각을 했다. 대기오염도 심하니까, 서울은 인구밀도가 정말 높은 도시니까. 그런데 거기에 나도 한몫했겠지 싶어 또 괜히 속상해진다. 난 정말 파랗고 맑은 하늘을 보고 싶다. 하늘뿐만이 아니다. 내가 사랑하는 식물들과 동물들이 모두 행복하고 이 지구가 파랗게 빛이 나기를 바란다. 그러기 위해서 내가 할 수 있는 게 뭘까?

간단히 말하면 지구에 나쁜 영향을 주지 않는 거다. 그건 그렇게 어려운 일이 아니다. 다만 혼자서 해내기란 쉽지 않다. 그래서 나 혼자 말고 내 친구와, 또 그 옆의 사람들과, 그리고 지금 이 책을 읽는 사람들과 함께하고 싶다. 물론 모든 일엔 때가 있고, 계기가 있다고는 생각한다. 그래서 여태 망설여왔던 거고. 그래도 지금은 나와 같이 하자고 '꼬시고' 싶은 마음이 굴뚝같다. 흐흐흐. 한명만이라도! 하나가 둘이 되고 둘이 여럿이 되면 어느새 새파란 하늘을 만나게 될지도 모르니까. 자 모두 파이팅!

그럼 이제 내가 하고 있고 손쉽게 같이할 수 있는 것들을 이야기할 차례가 왔다.
나도 몰랐지만, 알게 된 것들을 같이 나누고 싶다.

조금만 신경 쓰면 되는 것.
내가 실천하고 있는 것.
그리고 당신이 함께해주면 되는 것.

01 양치할 땐 물을 꼭!

어느 날 남동생이 양치하는데 들리는 물소리, 콸콸콸.
나는 그런 동생 뒤로 귀신처럼 쓰윽 나타나 말했다.

"물 좀 잠그고 양치햇! 왜 쓰지도 않는 아까운 물을 그냥 흘려보내냐, 그런 습관은 고쳐라!"

그러나 뒤돌아 나오면서 나도 제대로 안 하면서 무슨 잔소리를 그리했나,
수도요금이 아까워서 한 말처럼 야속하게 들린 건 아닐까 싶어 찜찜했다.
하지만 양치하는 내내 틀어놓는 물은 그냥 버려지는 물이다.
실제로 양치할 때 세 번만 입을 헹구면 충분하다고 한다.
칫솔질하는 2, 3분 잠깐인데 뭘, 싶다면 천만의 말씀.
이 잠깐 동안 흘려버리는 물의 양이 자그마치

**1.5L 페트병 35개=52.5L
아침, 점심, 저녁 하루 세 번, 일주일이면
52.5×3×7=1102.5L=페트병 735개!**

양치할 때 물을 잠그는 습관이 아무것도 아닌 것 같지만 나에게 당연한 것이 되고
미래의 나의 아이들도 나를 닮아 당연히 여기면 어마어마한 일들이 일어나지 않을까?
그 황홀한 꿈을 한번 믿어보시길!

수도요금 = 수도 사용료 + 전기요금 + 물 부담금

전기요금을 따로 내는 데 수도요금에 전기요금도 포함된다고?
놀랄 필요는 없다. 수도요금에 포함된 전기요금은 우리가 쓴 것이 아니다. 이건 물을 정수하면서 쓴 에너지 비용이다. 물 부담금은 상류에서 내려온 깨끗한 물을 하류에서 쓰기 때문에, 상류지역의 하수를 처리하는 시설 및 장치에 필요한 비용이다. 그러니까 그냥 흘려보내는 물은 물만 낭비하는 게 아니란 말씀!

02 여배우의 은밀한(?) 샤워 방법

"너 여배우 맞아?"
샤워하고 나오는 내게 친구가 하는 말이었다.
친구의 샤워 시간은 한 시간, 나의 샤워 시간은 10분? 나는 물 샤워만 하니까 시간이 많이 걸리지 않는다. 거짓말이 아니라 나는 정말 평소에 물 샤워만 한다(물론 예외도 있지만 한 시간 걸리는 일은 없다). 그리고 나는 그게 자랑스럽다. 내가 훨씬 환경적이고도 건강한 샤워를 하고 있기 때문이다.
뜨거운 물은 미지근한 물보다 염소를 비롯한 수돗물의 화학 성분이 더 많이 나온다. 게다가 뜨거운 물로 오래 씻으면 피부의 보호층인 각질이 다 벗겨져서 피부가 마른다고 한다. 그리고 샤워 제품이 물에 녹아 흘러가는 것도 찜찜하다. 그래서 나는 초스피드로 간단히 물 샤워를 한다. 땀을 아주 많이 흘린 날이나 메이크업을 지워야 하는 경우가 아니라면 가볍게 물로만 씻는 것이 이제 습관이 됐다. 다행스러운 일은 피부과 의사 선생님도 나는 피부가 워낙 건조해서 샤워 제품을 쓰지 않는 물 샤워가 오히려 피부에도 좋은 일이라고 했다는 것이다. '제대로 씻지 않는 여배우'라고 놀려도 괜찮다.

물 샤워만 하는 것이 나한테도 지구한테도 좋다는데
그걸 하지 않을 이유가 없잖아?

03 샴푸 펌핑은 두 번이면 충분해

나는 샴푸 펌핑을 딱 두 번 한다.
한 번은 머리 앞쪽과 뒤통수에, 한 번은 양쪽 옆과 목 윗부분에.
우스꽝스러운 거품 모자를 쓰지 않아도 그 정도면 충분하다.
샴푸와 린스를 쓰지 말자고 할 수는 없다. 나도 그렇게 하긴 힘들다.
그래야만 환경을 지키는 건 아니라고도 생각한다.
어렵고 불편해서 포기하는 것보다 지금의 내가 할 수 있는 만큼
최선을 다하는 게 낫지 않을까?

아, 하나 더.
샴푸질을 하는 동안은 물을 꼭 잠그는 것도 잊지 말자!
양치할 때보다 몇 십 배 많은 양이 낭비되는 거니까.

거품모자반성!!
두번 펌핑으로 충분하다는것.

04 약은 약국에 돌려보내주세요

아파도, 아프지 않아도 건강을 위해 '약'을 먹는다.
먹는 약이 많아지니 버리는 일도 많다.
다 나아서 버리고 남아서 버리는 게 약이다.
하지만 버릴 때 버리더라도 제대로 버려야 할 텐데 어떻게 버려야 하는 걸까?
우리가 아무렇지도 않게 버리는 약들이 지구 환경엔 '독'이 된다. 만약 남은 약을 물에 흘려보내면 약 성분이 녹아든 물이 하천과 토지에 스며들고, 그 물을 먹고 자란 식물과 동물이 다시 식재료가 되어 사람의 입속으로 돌아오게 된다. 동식물과 사람 모두 그렇게 흡수한 약 성분으로 그 약에 대한 내성이 생긴다. 그러면 정작 그 약이 필요할 때 전혀 쓸모가 없다고 한다.

그래서 남은 약을 처리하는 올바른 방법?
약국에 다시 가져가는 거다.
어느 약국이든 약 수거함이 비치되어 있다.
남은 약이 있다면 약은 약국에 돌려주자.

05 일석삼조 수건 사용법

나는 수건 하나를 여러 번 쓴다.

샤워를 마치고 새 수건을 쓸 때의 상쾌한 느낌, 나도 좋아한다. 하지만 매번 새 수건을 쓰면 빨래가 늘고 세탁기를 여러 번 돌려야 한다. 어차피 깨끗이 씻고 물기만 닦은 수건인데 굳이 그럴 필요가 있을까? 말려서 보송보송해지면 마찬가지. 그래서 한 번 쓴 수건은 잘 말려서 두 번, 세 번 다시 쓴다. 그리고 그렇게 여러 번 쓴 수건은 마지막으로 우리 강아지를 목욕시키고 닦아준다.

아니, 개랑 수건을 같이 쓴다고?

엄밀히 말해서 같이 수건을 쓰는 건 아니다. 내가 쓸 만큼 쓴 다음 말려서 빨기 전에 강아지들이 쓴다는 거다. 어차피 빨아서 말리면 깨끗해질 테니까. 수건 하나라도 재사용하면 물도 세제도 전기도 아낄 수 있는 일석삼조의 절약을 할 수 있다. 나도 좋고 우리 강아지도 좋고 지구도 좋으니 그 역시 일석삼조다. 그럼 결국 이것 하나로 여섯이 좋은 건데, 이럴 땐 뭐라고 해야 하지?

06 빨래는 아침에, 세탁소 대신 손빨래를

나의 세탁 철칙
세탁은 일주일에 한 번, 아침에 하기
드라이클리닝보다 손빨래하기

이른 아침 세탁기를 돌리면 굳이 건조 기능을 쓰지 않아도 보송보송하게 세탁물이 마른다. 그리고 종종 드라이클리닝을 해야 하는 경우가 있는데 코트나 블라우스 같은 게 아니면 손빨래를 선호한다. 일단 나는 내가 좋아하는 옷에서 석유 냄새가 나는 게 싫기 때문이다. 조금 힘이 들어도 손으로 울 세탁해서 말린 빨래가 좋다. 그리고 드라이클리닝을 맡기면 물과 석유, 전기 에너지까지 3종 세트로 소비를 하게 되는 거라 내키지 않는다. 그래서 카디건이나 스웨터, 목도리처럼 울 세탁용 제품들은 모아두었다가 볕 좋은 날 울 세탁 모드로 세탁한다. 그동안의 경험으로 비춰보면 아주 뜨거운 물만 아니면 옷이 망가질 일이 거의 없는 것 같다. 물론 구겨져서 다림질을 해야 하는 수고로움이 뒤따르지만, 번거로움이 우리 삶을 좀더 풍요롭게 만든다는 사실을 잘 알기에 기꺼이 감수하려고 한다.

EM을 소개합니다!

세제 때문에 고민을 하다 찾은 정보! 아시는 분들은 아실 테지만 모르시는 분들을 위해 살짝 공개한다. EM은 효모, 유산균 등과 같은 유용 미생물(Effective Micro-organisms)을 말하는 것인데, EM 원액을 발효시켜 세제나 탈취제, 혹은 화초에 주는 영양제 등으로 사용할 수 있다. 사실 세척력이 강한 합성세제나 살균 제품은 거기에 포함된 강력한 성분이 각종 질병의 원인이 되기도 하고 좋은 미생물들까지 모두 없애버려서 더 잦은 오염과 더러움을 가져온다. 반면 EM 발효세제는 건강과 환경에 모두 유용한 제품! 인터넷은 물론 환경단체나 생활협동조합에 문의하면 EM 사용법, 구입처 등을 비롯해 다양한 활용법을 얻을 수 있다고 한다.

07 미인이 되는 법, Turn off

〈지금 이대로가 좋아〉라는 영화를 촬영할 때 제주도, 목포, 여주 등 많은 곳을 돌아다녔다. 약간 불면증도 있었지만 잠자리가 자주 바뀌니 잠들기가 더 쉽지 않았다. 그래서 어느 날 책을 한 권 샀다. TV의 건강 프로그램인 '생로병사의 비밀'에서 소개한 『잠의 즐거움』이라는 책이었다. 도대체 어떻게 하면 잠을 잘 수 있을까, 진심으로 궁금해서 고른 책인데 이게 웬걸, 도리어 정신이 번쩍 드는 이야기를 발견하고 말았다.

예뻐지려면 10시에는 잠들어야 했다!

책에 따르면 밤 10시에서 새벽 2시 사이에 피부를 재생시킬 수 있는 재생 호르몬이 분비가 된다. 그러니까 일찍 자는 사람들이 늦게까지 깨어 있는 사람보다 피부가 좋을 수밖에 없다는 결론. 그리고 또 하나. 잘 때 불을 켜두거나 TV나 스탠드를 켜둬서 빛이 비치면 자는 동안에도 무의식적으로 얼굴을 찡그리게 되는데 나도 모르는 사이에 내 얼굴에 주름을 만드는 셈이다. 그래서 나는 우리 집 침실을 정말 '잠만 자는 곳'으로 만들어버렸다. 컴퓨터, TV처럼 잠을 방해하는 것들을 침실 밖으로 뺐다. 그리고 정말 그 방에서는 불을 끄고 딱 잠만 잔다.

그 책을 읽은 후부터 10시만 되면 신데렐라처럼 초조해지기 시작한다. 오늘은 내 피부가 재생을 좀 해야 하는데 드라마 포기하고, 또는 외출을 포기하고 잠자리에 들어야 하나? 난 밤이 좋은데? 짧은 고민이 스치지만, 20대에 실컷 노느라 재생을 못 했으니, 지금부터라도 피부를 위해 노력하자고 나를 설득한다. 그러다보니 불면증 같은 게 생길 수가 없다. 불을 끄고 일찍 잠자리에 드는 게 전기를 아끼는 일만이 아니다. 내가 예뻐지는 길이다.

그러니 당연히
Turn off해야 하지 않을까?

광합성을 하자!
잠을 잘 자려면 일단 햇볕을 많이 쬐어야 한단다. 그러니 하루 종일 실내에서 별 움직임 없이 꼼지락대지 말고 광합성하시길!

08 플러그를 뽑자!

우리가 쓰는 멀티탭에서 스파크가 일어나 불이 나는 경우가 종종 있다. 심지어 우리 윗집에서 불이 났는데, 조사결과 멀티탭에 쌓인 먼지에 불똥이 튄 것이 원인이 됐다고 한다. 외출했다가 돌아오니 집이 홀랑 다 타버려 주차장에서 울고 있던 커플의 모습이 잊히지 않는다. 더군다나 그 커플, 신혼부부였다. 그 사건 후 멀티탭을 가득 채우고 있던 컴퓨터, 모니터, 무선 랜 기기, 스피커 등의 코드는 안 쓸 때 뽑아놓는 것을 기본으로 하고, 부득이할 때는 일일이 스위치를 꺼둔다. 앞으로 비어 있는 멀티탭에 쌓인 먼지는 잘 청소하도록 하자. 눈앞에서 집을 홀랑 태워버리는 끔찍한 경험을 하고 싶지 않다면 말이다. 물론 외출할 때 쓰지 않는 플러그 자체를 뽑아 두는 게 가장 안전한 방법이다.

안전 문제도 있지만 대기전력이 소비전력의 약 11%를 차지한단다.

대기전력만 효과적으로 줄여도 1년에 한 달은
전기를 공짜로 쓸 수 있는 양이라고.
한 일간지에 실린 가전제품의 대기전력을 여기에 옮겨본다.

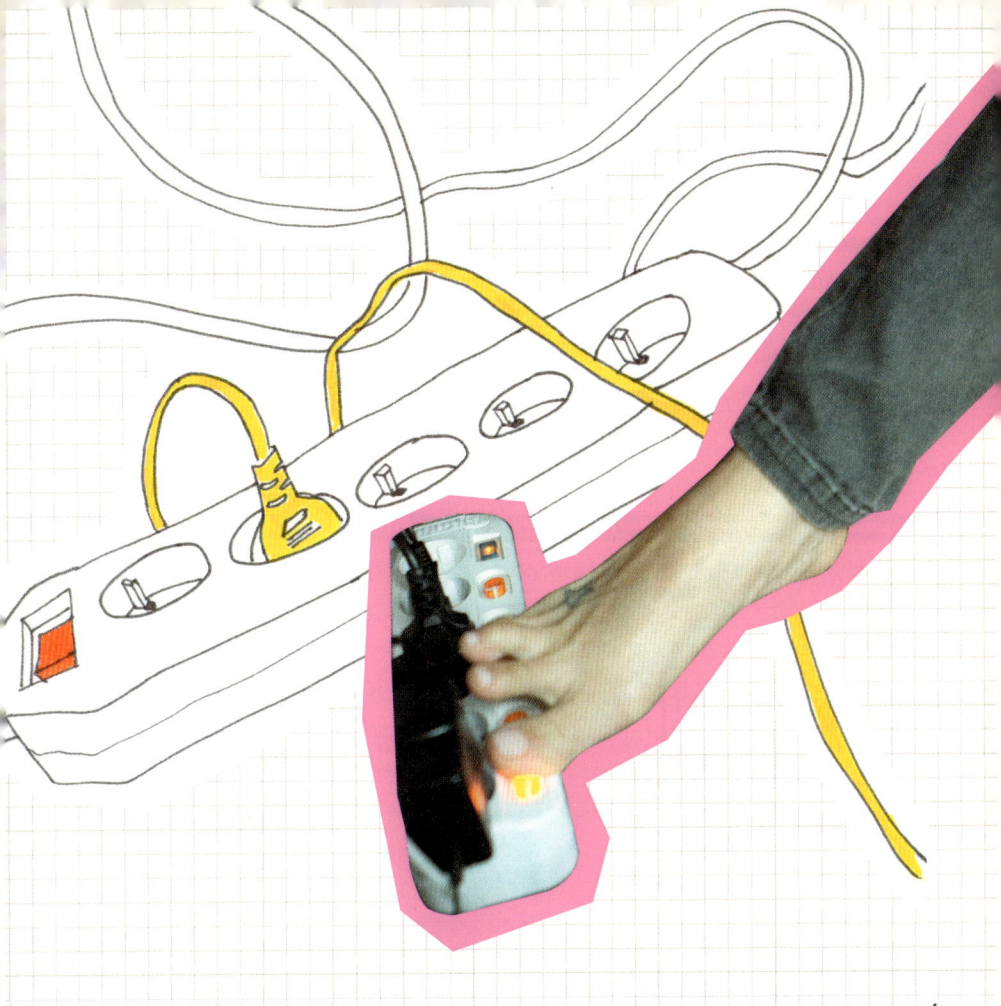

가전제품의 대기전력!
TV 4.33 비데 3.39
컴퓨터 3.26 모니터 2.63
세탁기 1.90
휴대전화충전기 1.72
(단위: W)

* 안쓰는 가전제품 플러그를 뽑아두는 것이 전기요금을 아끼는 길이라는 말씀!!

09 전기요금 청구서 볼 줄 아세요?

안 쓰는 전기기구 플러그 뽑기, TV 안 볼 때에는 꼭 끄기, 밖에 나갈 때 불끄기, 이런 것들은 신경 써서 꼭 지키려고 하는데 가끔 궁금해진다. 이렇게 하면 과연 얼마나 전기가 절약이 될까?
이걸 가장 쉽게 알 수 있는 법이 고지서를 확인하는 방법이다.
청구서는 나도 확인하는데? 하시는 분들, 혹시 그달의 '요금'만 확인했던 건 아닌지 잘 생각해보시라.
매달 날아오는 전기요금 청구서에는 내가 내야 하는 금액 외에도 유익한 정보가 있다.

지금부터 살펴볼까?

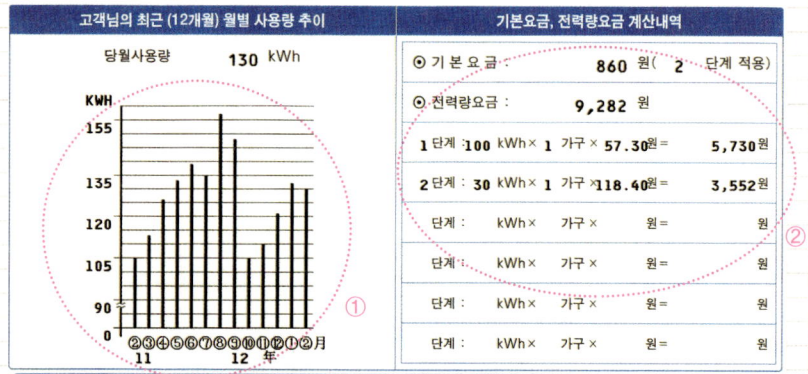

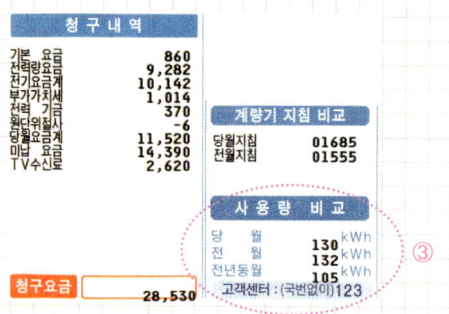

기본적으로 전기요금은 아래와 같이 계산된다.

기본요금 + 전력 사용량에 따른 요금 + 전력기금(3.7%) + 부가가치세(10%) + TV수신료

여기서 전기요금을 좌우하는 건 기본요금과 전력량요금이다. 왜? 누진세로 계산되니까!

주택용 전력(저압)

전기 기본요금		전력량 요금	
0 ~ 100kW	390원	0 ~ 100kW	kW당 57.30원
100 ~ 200kW	860원	100 ~ 200kW	kW당 118.40원
200 ~ 300kW	1,490원	200 ~ 300kW	kW당 175.00원
300 ~ 400kW	3,560원	300 ~ 400kW	kW당 258.70원
400 ~ 500kW	6,670원	400 ~ 500kW	kW당 381.50원
500 ~	12,300원	500 ~	kW당 670.60원

※ 위는 2011년 8월 전기요금표.
매년 전기요금표가 달라지므로 한국전력공사 사이버지점(http://cyber.kepco.co.kr)을 방문해 확인해보시길!

- 전력기금 = (기본요금+전력양요금)×0.037 − 원단위 절사
- 부가가치세 = (기본요금 + 전력량요금)×0.1

그래서 옆의 청구서를 살펴보면,
이번 달 전력 사용량이 130kWh,

기본요금 860원 + 전력량요금 (57.3×100 + 118.4×30 = 9,282원)
+ 부가가치세 1,014원 + 전력기금 370원 − 원단위 절사 6원 + TV수신료 2,620원
= 14,140원

어떻게 전기요금이 계산이 되는지, 나의 전기 사용 패턴이 어떤지 등 청구서만 꼼꼼히 살펴도 전기 절약에 많은 도움이 된다. 아, 전기요금 청구서도 이메일 또는 모바일 신청을 하면 매달 200원 씩 두 번 할인 받을 수 있다. 문의 및 가입 신청은 국번 없이 123 또는 www.kepco.co.kr
청구서 맨 앞에도 고지되어 있으니 꼭, 이용해보시길!

① 최근 1년간의 월별 전력 사용량 추이가 막대그래프로 표시되어 있어서 전기 소비 패턴이나 소비 현황을 파악하기가 좋다.

② 많이 쓴 것 같지 않은데 전기 요금이 많이 나왔을 때는 누진제를 의심해봐야 한다. 사용량에 따라 적용되는 누진요금제의 단계와 단계별 요금 내역을 확인해보는 것이 좋겠다.

③ 사용량 비교란을 잘 살피는 것도 나의 전기 소비 실태를 확인해볼 수 있는 좋은 방법이다.

10 환경 설거지를 합시다

다른 사람들은 어떻게 설거지를 하는지 모르겠지만 나는 나만의 설거지 순서가 있다.

(1) 그릇에 남아 있는 음식물 쓰레기를 음식물 쓰레기봉투에 버린다.
(2) 개수대의 거름망을 먼저 비운다.
(3) 그릇을 세제로 닦는다.

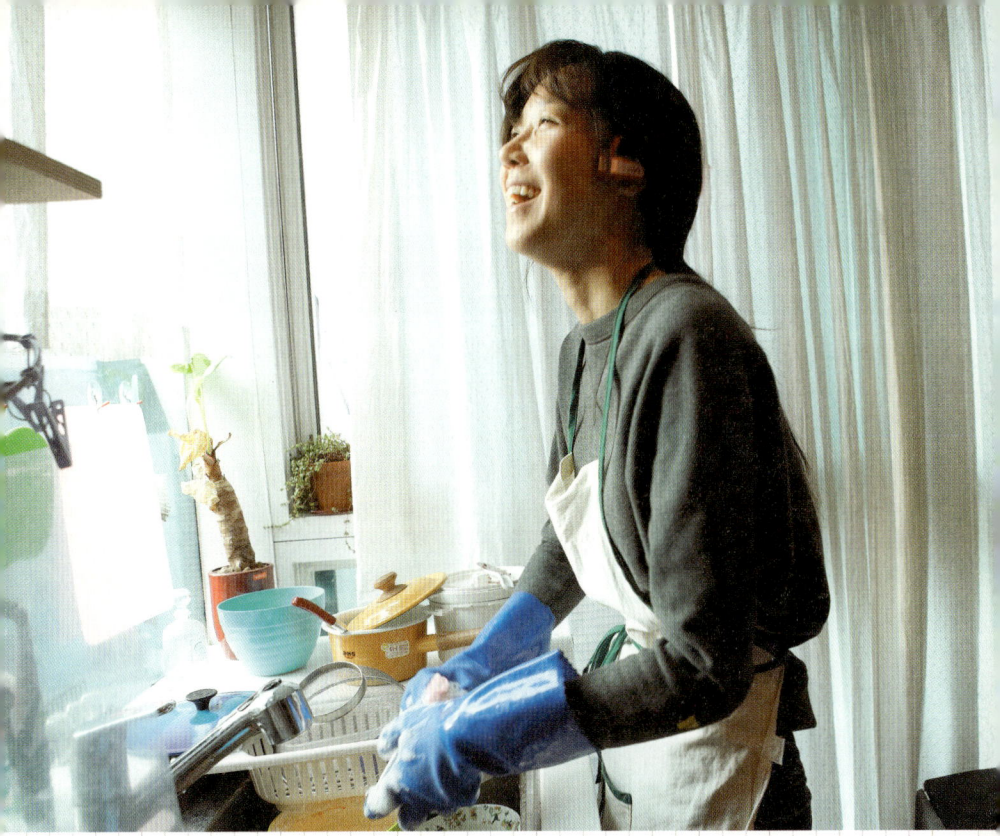

음식물 쓰레기는 사료나 퇴비로 쓰인다고도 한다. 그런데 그릇을 먼저 씻으면 그릇에 묻은 세제가 물에 녹아 거름망에 모인 음식물 쓰레기를 거쳐 하수구로 흘러간다. 그럼 음식물 쓰레기에 세제들이 남게 될 텐데 그걸 가축사료로, 퇴비로 만든다고? 그 가축과 작물을 우리가 먹는 것이니 그럼 다시 또 악순환. 이게 나의 고민이었다. 웃는 사람들도, 피곤하게 산다고 하는 사람들도 있겠지만 그런 고민을 하게 된다. 그러면 방법을 찾을 수밖에 없는 거고. 그래서 나는 설거지 순서를 바꿨다. 쓰레기 처리를 먼저, 세제는 나중에.

11 버리기 아까운 지퍼백

여행 짐을 싸던 두나 언니가 말했다.

"난 지퍼백이 참 좋아!"
"왜?"
"찢어지지도 않고 깔끔하잖아. 정말 편해."

맞는 말이다. 비행기를 타면 기압이 높아졌다 낮아졌다 반복하기 때문에 튜브형 로션이나 향수 같은 액체들이 새어나온다. 가끔 옷 사이에 넣어둔 향수가 새어나와 옷을 망가뜨리는 일도 있었다. 그래서 나도 짐을 꾸릴 때 꼭 잊지 않고 패킹을 한다. 그리고 짐을 풀 때 그 지퍼백들은 모두 여행가방에 그대로 넣어둔다. 뭐가 좀 샜어도 살짝 닦아서 다시 쓰면 되니까. 어찌나 두껍고 튼튼한지 잘 찢어지지도 않는다. 그 좋은 걸 한 번 쓰고 버린다는 건 안 될 말이다. 그래서 그날 언니에게 잔소리를 좀 했다.

"언니, 한 번 쓰고 버리는 건 아니지? 두고두고 다시 써."

언니는 그런 내가 좀 의아했던 모양이다. 어쩌면 이 책을 읽는 독자들의 반응도 언니와 비슷할 수 있다. 어울리지 않게 그런 면이 있네? 하고.
지퍼백은 정말 튼튼하고 다양하게 사용이 가능해서 정말 좋다. 잘만 쓰면 몇 번이고 재사용이 가능하다. 그래서 나는 싱크대에 빨래집게를 걸어놨다. 설거지하고 난 축축한 수세미, 한 번 쓴 비닐, 생선 담아뒀던 지퍼백을 물에 잘 헹궈서 집게에 매달아놓는다. 이게 다 마르면? 다시 쓰는 거다.
잘 씻어서 말리면 새것 못지않다. 새것 뽑아 쓰는 재미는 없지만 다시 쓰는 보람은 있다.
나는 더 좋은 쪽을 선택했다고 믿는다.

아, 그 후에 만난 두나 언니도 이제는 신경 써서 잘하고 있다고 했다.
나보다 더 알뜰한 살림꾼이니까.

12 분리배출은 기본

예전에 비해 사람들이 분리배출을 잘하고 있는 편이지만 좀더 자세히 들여다보면 그렇지 못한 경우도 많다. 버릴 때 일일이 분리하는 게 귀찮은 탓도 있지만 분리배출 표시가 복잡해서 알아보기 힘든 것도 하나의 이유이지 싶다.

위의 그림은 현재의 분리배출 표시인데 PET는 이해할 수 있다고 해도
LDPE, PS, HDPE는 도대체 뭘 말하는 건지 딱 봐서는 알 수가 없다.
(PET, HEPE, LDPE, PP, PS, PVC는 플라스틱과 비닐류의 용기 재질에 따른 세부 분류다.)
그런데 다행스럽게도 내년부터 이 표시가 알아보기 쉽게 바뀐다. 바로 이렇게!

단, 용기들이 언제나 한 가지 재질로
만들어진 것은 아니므로
세부적인 분류 표시는 오른쪽과 같이 한다고 한다.

예를 들어 위의 '페트-뚜껑: HDPE / 라벨: PP' 표시는 용기 자체는 페트, 뚜껑은 HDPE, 라벨은 PP 재질이니 따로 분리해서 버려달라는 요청이다. 지금은 이게 플라스틱인지, 비닐인지 알아보기도 어려운 분리배출 표시가 이렇게 바뀐다고 하니 조금 더 신경 써보면 좋겠다!

분리배출할 때 기억해주세요!

캔이나 병, 우유팩은 재활용률이 높다. 여기에 담배꽁초를 버리는 건 정말 무식한 짓!
젖은 쓰레기는 소각할 때 다이옥신을 마구 뿜어내므로 꼭 말려서 버리기.
플라스틱 용기는 겉을 싼 비닐포장을 벗겨서 내놓기. 박스, 신문, 인쇄용지는 물론 지나간 공과금 영수증이나 코팅된 전단지까지도 대부분의 종이류는 재활용을 위해 수거해 간다. 아, 종이에 붙은 비닐이나 테이프는 제거해서 내놓아주시길!

13 나무젓가락은 빼주세요

밥 해먹기 싫어질 때, 친구들과 가끔 배달음식 시켜 먹을 때 받는 일회용 젓가락, 플라스틱 수저가 싫다. 그래서 주문할 때 빼달라고 꼭 이야기하려는데 가끔은 깜박해서 배달되고 나서야 아차차, 한다. 전화를 끊고 생각나면 다시 걸어 말한다. 젓가락은 안 주셔도 돼요. 그래도 철저하진 못해서 정신 차리고 보면 받아놓은 젓가락이 한 묶음이다. 그럴 때는 또 방법이 있다. 촬영장으로 들고 간다. 거기에서는 어쩔 수 없이 써야 하는 경우가 많기도 하고 사람도 많으니 필요한 개수도 상당해서 아주 요긴하게 쓰인다. 그리고 이렇게 내가 가지고 가면 촬영장에서 배달음식 주문을 할 때 그만큼 젓가락을 더 받지 않아도 되는 거라 찜찜했던 내 마음도 좀 나아진다.

우리나라에서 한 해에 쓰이는 일회용 나무젓가락은 25억 개. 이 정도 분량에 쓰인 나무라면 남산 26개를 채울 수 있다고 한다.

14 비닐봉지보다 예쁜 시장가방

비닐봉지는 정말 '편리함'을 빼곤 쓸모가 없다.
거기다 예쁘지도 않다. 시장 볼 때 양손 가득 비닐봉지, 정말 폼 안 난다.

몇 년 전에 영국에 갔을 때 발견한 내 '완소' 아이템은 액세서리도, 옷도, 신발도 아니다. 요 시장가방이다. 펼치면 커다랗지만 접으면 가방에 쏙 들어갈 만큼 작다. 색깔도 디자인도 예쁘다. 혼자 살다보니 매일 장을 보러 가는 게 아니라서 큰 가방이 필요하기도 하고 또 언제 장을 보러 가게 될지 모르니 휴대가 좋아야 하는 데 정말 딱이었다. 이걸 발견하고 얼마나 좋았는지! 여러 개 사들고 와서 친구들에게 선물로 나눠줬다. 남은 두 개는 내가 쓰고 있다. 하나는 가방에 넣고 다니고 하나는 차에 두고 다닌다. 언제 장을 보게 될지 모르는 일이니까.

"비닐봉지 필요하세요?"
"아뇨, 필요 없어요."

라고 말하고 요걸 꺼내 펼칠 때의 기분이란!

15 우편함에 휴식을 주자

오래전 편지가 오기를 기다리던 우편함은 이제 편지를 받지 않는다. 대신 우편함을 빵빵하게 가득 채우고 있는 것은 달갑지 않은 청구서들과 각종 광고전단이다. 나도 집에 들어가는 길에 일주일에 두세 번은 우편물 꾸러미를 안고 들어간다. 돈 내야 할 때라는 소식도 우울하지만 더 한숨이 나오는 건 그것들이 전부 버려질 것들이라는 거다. 심지어 어떤 것들은 열어보지도 않고 바로 분리배출함으로 직행한다.

그래서 바꿨다. 온라인 청구서로. 일일이 컴퓨터 앞에 앉아 하나하나 바꾸는 게 만만한 일은 아니지만 그래도 매일 쓰레기 더미를 내 앞으로 발송시키는 것보다는 나을 것 같았다. 이 조치만으로도 내 이름 석 자가 적혀 있던 청구서나 우편물들이 아예 만들어지지도 않는다는 사실이 너무 뿌듯하다. 하지만 여전히 발송중지를 요청할 수 있는 전화번호조차 없는 우편물도 많다. 이제 그만 우편함을 쉬게 해주고 싶다. 그리고 가끔은 깨끗해진 우편함 속에 손으로 쓰인 반가운 소식이 도착해 있지 않을까 기대하고 싶다.

현금인출기를 이용할 때 '영수증을 출력하시겠습니까?'에 '아니요'를 누르자!
이 영수증 또한 바로 버려지는 종이일 터. 인출기 화면으로도 충분히 거래 내역과 잔금을 확인할 수 있다. 영화나 공연 티켓도 종이 없이 휴대폰을 이용해 받는 센스를 발휘하자. 이게 디지털화된 시대의 장점이 아닐까 싶다.

16 샘플은 됐어요

화장품을 한번 사면 무슨 샘플을 그렇게나 주는지 모르겠다. 쓰기에도 힘든 손가락만 한 작은 플라스틱 병들은 보관하기도 어렵고 분리배출하기도 어렵다. 에너지를 들여 만드는 게 결국은 쓰레기라니 참 슬픈 일이다. 하지만 어떤 제품의 경우에는 샘플을 써봐야 내 피부에 맞는지 알 수 있으니 어떻게 개선하는 게 가장 좋을지 방법이 떠오르지 않는다.

그래서 고민 끝에 내가 선택한 방법은 쓰지 않을 거면 받지 않는 거다. 점원이 챙겨주는 샘플은 필요가 없다면 '괜찮아요'라고 말 한마디하면 된다. 관심이 가는 제품은 숍에서 자세한 설명과 함께 직접 테스트를 받는 것도 괜찮은 것 같다. 무료니까 받아서 여행갈 때 써야지 하고 쌓아두게 되는 게 대부분인데, 잠깐 고민해보고 안 쓸 것 같으면 안 받아 오는 게 낫다.

(1) 필요없는 샘플은 받지 않기
(2) 선물 받았지만 쓰지 않을 화장품은 필요한 사람에게 주기
(3) 쓰기 시작한 화장품은 유통기한 안에 꼭 다 쓰기
(4) 다 쓴 화장품 용기는 해당 브랜드 매장에 돌려주기
(5) 그래도 버려야 한다면 내용물은 성분을 확인하고 버리고 용기는 분리배출하기

유통기한 지난 화장품은 어떻게 버려야 할까?

이 문제에 대해서도 환경 선생님과 토론을 해보았다. 휴지로 닦아서 쓰레기봉투에 버리느냐, 아니면 액체류는 하수에 흘려보내느냐. 환경부에 알아보니 법적으로 거기까지 자세하게 규정되어 있지는 않았다. 일단 화장품 원료를 더 이상 사용할 수 없어 폐기할 경우 이것도 폐기물에 해당한다고 한다. 내용물에 함유된 물질이 법적으로 규정하고 있는 유독물이 아니라면 일반폐기물이라고. 용기는 분리배출을 하고 내용물은 가연성물질인 경우에는 소각처리를, 불연성물질인 경우엔 매립하는 거란다. 그러니까 유통기한이 지나거나 오염이 돼서 버려야 하는 화장품 내용물은 휴지로 닦아 일반 쓰레기봉투에 버리는 게 방법이다. 물론 버리는 내용물 없이 끝까지 다 쓰고 용기를 분리배출하거나 해당 브랜드 매장에 돌려주면 가장 좋겠다.

17 손수건 한 장 챙기는 센스

나도 손수건은 가지고 다니지 않으면서도 아무렇지도 않게 쓰이는 페이퍼티슈는 또 아까웠다. 이 질 좋은 페이퍼티슈를 만들려면 많은 나무와 에너지가 쓰였을 텐데 딱 물만 닦고 5초 안에 쓰레기통으로 직행이구나. 핸드드라이기는 오히려 위생적이지 않다는 소리를 듣기도 했고 전기에너지를 쓰는 것도 내키지 않았다. 그러니 손을 씻고 물기를 없애긴 해야 하는데 티슈 앞에서, 핸드드라이기 앞에서 고민하고 또 고민하고, 그러다 스트레스 받고. 결국 이럴 바에야, 하는 마음에 손수건을 가지고 다니기 시작했다.
처음엔 잘 챙기지 못하고 가지고 있어도 그 사실을 깜박하기도 했지만 이제 익숙해졌다. 페이퍼티슈 앞에서 쓸까 말까를 두고 스트레스 받으며 고민하지 않는다. 자신 있게 가방에서 예쁜 손수건을 꺼낸다. 뭔가 꽤 괜찮은 사람인 것 같은 기분은 덤이다.

18 두 바퀴와 두 발로 하는 에너지 충전

요즘은 운동이라는 게 시간과 돈을 들여야 하는 게 되어버렸다. 모두 바빠서 그렇겠지만, 운동은 생활에서 찾아야 하는 게 좋은 것 같다. 그런 의미에서 자전거 타기는 참 괜찮은 생활습관이다. 혼자 탈 때나 친구들과 함께 탈 때 각각 나름대로의 재미가 있다. 운 좋게 한강과 멀지 않은 곳에 살고 있어서 한강변을 자주 달리는데 운동도 되고, 스트레스를 푸는 데도 그만이다. 내가 몸을 움직이고 있다는 기쁨, 달릴 때 느끼는 시원한 바람, 내 안에 에너지가 충전되는 기분이다. 좋아하는 사람들과 함께 달리면 재미는 배가 된다.
사실 우리나라 도로가 자전거를 맘껏 타기에 좋은 건 아니다. 그러나 그런 악조건에도 자전거를 타는 사람들이 상상도 못 할 만큼 늘어났다. 그래도 나는 아직 부족하다고 느낀다. 자전거를 타면 받을 수 있는 그 좋은 에너지를 더 많은 사람들이 느꼈으면 좋겠다. 게다가 이동수단으로 잘 이용한다면 돈도 아끼고, 운동도 하고, 이동도 하고, 일석삼조는 이럴 때도 쓸 수 있는 말인 것 같다.
난 간혹 장을 보러 갈 때 자전거를 이용한다. 앞뒤로 바구니가 두 개나 있어서 물건을 운반하는 데 불편함이 없다. 아니 불편하지 않을뿐더러, 운반할 양만큼만 사게 되니 쓸데없는 충동구매에서도 해방된다. 상상이 가는가? 어머니용 선캡을 쓰고 짐을 가득 싣고 가는 자전거녀가 사실은 공효진이었다는 게.

단, 신경을 써야 할 부분도 있다. 바로 자전거 도난사고다. 프랑스 파리의 경우는 몇 년 전부터 자전거 대여소가 동네 전역에 설치되었다고 한다. 모두 똑같이 생긴 자전거들이 줄지어 서 있는데, 그 자전거들은 자판기에서 물건을 취하듯이 기계로 티켓을 끊고 이용할 수 있다. 대여 시스템이 탄탄하게 잘되어 있어서 훔쳐가서 제 것으로 타거나 할 수는 없다. 또 동네 구석구석 비교적 짧은 거리마다 대여소가 설치되어 있으니 어딜 가든 불편 없이 이용할 수 있다. 나도 파리에 갔을 때 택시 대신 이 자전거 대여 시스템을 아주 잘 이용했다. 듣자 하니 얼마 전 영국에서도 이 시스템이 시행되기 시작했다고 한다. 만약 이용자가 많고, 자전거 도로가 잘 구비되어 있다면 출퇴근용으로 서울에서도 충분히 가능한 시스템이 아닐까 싶다. 그렇게 된다면 자전거 도난에 대한 근심도 사라지고 사람들이 조금 더 마음 편하게 자전거 생활을 즐길 수 있지 않을까?

워낙 걷는 걸 좋아하지만 '건강'을 생각하면서 그냥 걷지 않고, 잘 걸으려고 노력하고 등산도 자주 간다. 저녁식사를 하고 자기 전에 강아지를 산책시킬 겸 나와 걷다가, 돌아오는 길에는 통통 뛰어오면 많이 힘들지도 않고 땀이 살짝 나면서 잠도 잘 오고 기분이 아주 상쾌해진다. 앞서 이야기한 자전거 타기, 걷기가 좋은 것은 몸과 마음을 건강하게 해주기 때문만은 아니다. 나의 에너지를 써서 이동을 한다는 점에서 굉장히 환경적이다.

등산을 해보세요!

등산의 효과는 이루 말할 수 없이 많은데 그중에서도 최고의 효과는 '힙 업'이다. 갑자기 살이 찌는 것 같거나, 급하게 몸매 관리를 해야 하는 사람들이라면 등산을 딱 세 번만 해보라고 이야기한다. 몸이 확 달라지는 걸 느낄 수 있다.

서울에서 자전거 타기, 걷기 좋은 길

서울숲 자전거 길, 상암동 월드컵공원 내 산책길,
한강변 자전거 도로와 산책로, 양재천 자전거 길 등이 있다.
이중에서도 난 한강이 참 좋다. 이 모든 것들을 가능하게 해주는 특별한 곳이기 때문이다. 서울숲 가까이 사는 분들도 참 좋겠다. 내 주위에 있는 강, 공원, 놀이터를 외롭게 하지 말고 곁에서 친구가 되어주면 좋을 것 같다.

19 포근한 담요 한 장 어때요?

찬바람이 불기 시작하면 월동준비를 한다. 우선 겨울옷들을 장만하고, 부츠 같은 신발도 염두에 둔다. 그렇다면 올 겨울에는 월동준비 목록에 예쁘고 포근한 담요 한 장을 추가해보자.

내가 사는 집은 아파트가 아니라 외풍이 좀 있고, 환기를 자주 하기 때문에 집이 뜨끈뜨끈 하진 않다. 그렇다고 하루 종일 보일러 트는 건 싫어서 겨울이면 소파 위에 한 장, 식탁 옆에 한 장, 서재에 한 장, 차 안에도 한 장, 예쁜 담요를 곳곳에 둔다. 담요를 덮고 있으면 몸이 따뜻해져 움직이기도 훨씬 덜 부담스럽고, 쓸데없는 난방 에너지를 많이 쓰게 되지도 않는다는 여러 가지 이점이 있다. 스타일 구겨져서 내복은 도저히 못 입겠다 싶으면 담요로 겨울나기 습관 한번 들여보시는 게 어떨지.
그리고 외국 영화에 나오는 가운을 준비해보는 것도 좋을 것 같다. 수면양말같이 포근하고 부드러운 재질의 나이트가운이나, 입자마자 따뜻하게 느껴지는 겉옷을 준비해두는 것도 방법이다. 겨울이 오면 나도 가운이나 겉옷을 소파에 걸쳐두었다가 입곤 한다. 여름처럼 집에서 반팔만 입지 말고 아주 편안한 실내용 겉옷을 입는다면 실내 온도가 조금 낮아져도 활동적으로 겨울을 날 수 있다.

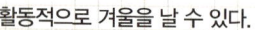

알뜰하게 보일러를 이용하는 팁!

낮은 온도로 하루 종일 보일러를 틀어두는 것보다 온도를 높게 틀어 한 번에 방을 확 덥힌 다음 끄고 서서히 식히는 것이 에너지를 덜 쓰는 방법이라고 한다.
또 자기 전 저녁 시간에 보일러를 틀어 집안을 덥히고 잠이 들 때 끄면 에너지 절약과 더불어 상쾌한 아침을 맞을 수 있다고 하니 이것 또한 별표!

20 나만의 머그잔

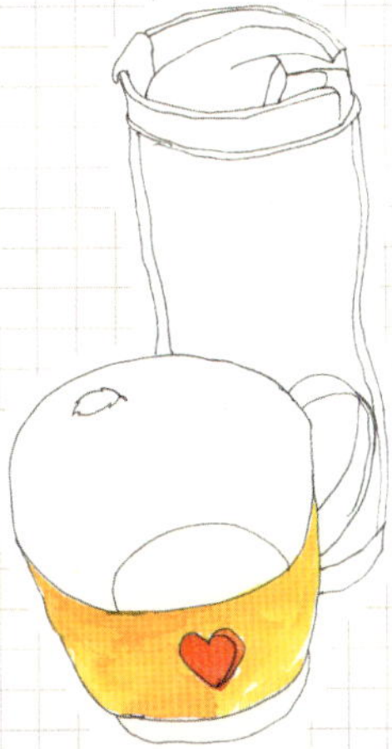

대부분의 회사나 사무실에서 종이컵을 쓴다고 들었다. 하루에도 몇 번씩이나 음료를 마시는데, 컵을 계속 씻는다는 게 귀찮은 일이고 설거지 문제도 있으니까. 하지만 우리가 편리하게 쓰는 일회용 종이컵의 진실을 알고 계시는지.

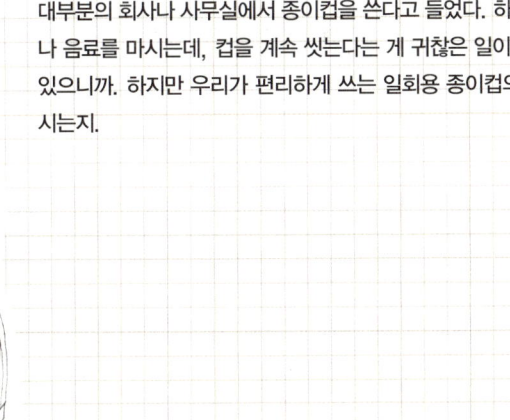

한 해 버려지는 일회용 종이컵은 120억 개
생산 비용 1,000억 원
종이컵 생산 시 발생하는 CO_2 13만 2천 톤
이를 흡수하기 위해 1년에 심어야 하는 나무는 4,725만 그루
재활용 비율 14%
처리 비용 연간 60억 원

마음은 있다 해도 편리함이 우선될 수밖에 없는 게 현실이다. 그렇기 때문에 이런 일회용품들이 꾸준하게 사랑받고 있는 것일 테고. 그렇지만, 이 책을 여기까지 잘 읽어온 독자들은 조금이라도 달리 생각하게 되었을 거란 바람과 용기를 담아 이렇게 다시 한 번 이야기하려 한다. (제발, 질려하지 말아주시길.) 나만의 편리는 어찌 보면 쉽다. 세상 웬만한 것은 돈으로 해결할 수 있고, 편리함 또한 마찬가지이다. 그러나 용기를 내 일단 해보았으면 좋겠다. 아, 머그잔 사용을 독려하는 나의 아이디어 하나. 사무실 직원들이 모여 자신의 이름을 새기거나, 각자의 얼굴을 담은 컵을 만들어 사용하는 것도 재미있는 아이디어가 될 수 있지 않을까?

종이컵을 버려야 할 때는 수거함에 버리기!

종이컵 내부의 코팅은 높은 온도의 액체와 만나면 환경호르몬, 발암물질이 녹아 나온다는 것이다. 이게 건강에도 좋지 않지만 내부 코팅은 기계로만 벗길 수 있어서 실제 재활용률이 낮다. 그래도 분리배출을 잘해서 종이컵의 국내 연간 사용량 10억 개가량을 재활용하면 매년 여의도 면적의 10배가 넘는 숲이 만들어진다고 한다.
그러니 종이컵을 버릴 때는 구겨서 버리지 말고 자판기 옆의 전용 수거함을 이용하자!

21 플라스틱 생수병의 진실

머그잔 얘기가 나왔으니 하는 말인데, 일회용 종이컵만큼 많이 쓰이는 것이 플라스틱 생수병이다. 요즘은 물을 사 마시는 것이 일상적인 일이 되어버렸다. 물을 끓여 먹긴 귀찮고 깨끗한 물을 마시고 싶어서 집어 드는 게 이 생수인데 저 너머의 진실은 따로 있다. 페트병이라 불리는 이 플라스틱병은 석유로 만들어진 것이다. 신문 기사를 보니 페트병에 담긴 생수에서 유리병에 담긴 생수에 비해 최소 12배 이상의 프탈레이트라는 화학물질이 발견됐다고 한다(이 물질은 그 유명한 환경호르몬의 일종이다). 입안으로 흘려넣는 것이 물이 아니라 프탈레이트가 녹아 있는 음료라고 상상해보면 꺼림칙해지지 않을 수 없다. 또한 우리 몸에 안 좋은 것이 지구에도 좋을 리 없다.

물은 끓여 먹는 게 가장 좋겠지만 힘들다면 차라리 정수기를 권한다.
그리고 이왕이면 머그잔에, 유리잔에 따라서.
이건 내 스스로에게도 전하는 다짐이다.

전 세계에서 1년에 생산되는 페트병은 150만 톤
1L 생수 한 병 소각 시 발생하는 유독가스 = 250mL 석유 한 병 소각 시 발생하는 유독가스
재활용률은 23%, 썩는 데 걸리는 시간 100~1,000년

22 건전지 대신 충전지

집에서 끊임없이 쓰이는 또 하나! 바로 건전지다. 리모컨, 시계, 연수기(나의 경우) 등등. 집에 쌓여 있는 폐건전지들을 보다가 문득 워크맨을 들고 다니던 시절에 쓰던 충전지가 떠올라서 충전지를 구입했다. 매번 쓰고 버리고 쓰고 버리고 하며 스트레스 받지 말고, 어쩔 수 없이 써야 하는 건전지를 충전지로 대체해야겠다고. 아니 이 생각을 왜 이제야 했을까? 그래서 지금은 충전지를 번갈아 충전하며 쓰고 있다. 이리하여 난 폐건전지가 없는 집에서 살게 되었다.

충전지 하나의 사용으로 일회용 알카라인 건전지 1,000 개를 대체할 수 있다고 하니
나는 이미 몇 천 개의 건전지를 쓰지 않은 거다.
이런 작은 변화를 겪을 때마다 내가 또 뭔가를 해나가고 있다는 생각에 조금 벅차기도 하다.

폐건전지는 편의점으로!

부득이 건전지를 사용해서 버려야 한다면 편의점으로 가져가면 된다. 2010년부터 서울 시내의 편의점에 폐건전지 수거함이 설치됐다고 한다. 폐건전지 수거함이 설치되는 편의점은 GS25, 훼미리마트, 세븐일레븐, 미니스톱, 바이더웨이, 씨스페이스 등 6개 편의점이다. 아직은 서울에 국한되어 있지만 언젠가는 전국 모든 편의점에서 폐건전지를 받아줄 날이 분명 오리라 믿는다.

23 냉장고와 자석의 그 부적절한 관계

우리 집에서도 냉장고는 아주 좋은 메모판 역할을 했었다. 멋진 사진들도 붙여두고, 잊지 말아야 할 일들도 적어 자석으로 붙여두었다. 하지만 냉장고에 자석을 붙여두는 것은 실수였다. 둘은 만나지 말았어야 했다. 냉장고에 자석을 붙여두면 전력소비가 증가한다고 한다. 냉장고에 전달되는 전기가 자석으로 흡수돼 그만큼 전력소비가 생기는 거라고. 가뜩이나 냉장고는 꺼둘 수 없고 전력소비도 높은 가전제품인데 거기에 자석까지 더하니 편하고 예쁜 것 말고 좋을 게 없는 관계였다. 그러니 지금 냉장고 문에 붙어 있는 갖가지 자석 장식품들, 혹은 광고용 자석 장식, 쿠폰 등을 어서 떼어버리자.

누진제를 주의하자!

주택용 전기요금은 누진제이기 때문에 300kWh를 초과하면 조금만 더 사용해도 요금이 큰 폭으로 증가한다. 소비전력에 신경을 쓰는 이유는 환경뿐만 아니라 이 전기요금 때문이기도 하다. 냉방기구, 전열기구를 많이 쓰게 되는 한여름과 한겨울은 자칫하면 어마어마한 전기요금 청구서를 받을 수도 있다. 게다가 올해부터 전력소비가 많은 가전제품들에 개별소비세가 5퍼센트 부과되기 때문에 가전제품 소비전력을 꼼꼼히 체크하는 것이 좋을 것이다!
(전기요금 계산 방법은 p166~167 참조!)

24 알고 보면 쓸 만한 이면지

여느 회사들이나 마찬가지겠지만 우리 회사에서도 정말 많은 이면지가 나온다. 일반 업무에 쓰이는 서류에 배우들이 받은 시나리오나 대본 등이 더해져 어마어마한 이면지가 발생한다. 그래도 우리 회사 스태프들과 배우들이 들고 다니는 종이뭉치 중에 뒷면이 새하얀 경우는 별로 없다. 다행스러운 일이다.

국내에서 한 사람이 한 해에 소비하는 종이만 약 180kg.
인도 사람들이 약 5kg의 종이를 쓴다고 하는데 180kg이라면 엄청난 양이다.
A4 용지 4장이 30g이라고 하니 180kg이면 A4용지 6,000장인 셈이다.

나도 뭘 끼적거리기 좋아해서 산뜻한 새 종이를 앞에 둬야 뭘 써도 써지는 마음, 잘 안다. 하지만 이면지만 잘 활용해도 많은 양의 종이 쓰레기를 줄일 수 있을 텐데 새 종이를 고집하는 건 오히려 더 마음이 불편한 일이다.

이면지 사용에 대해 알아보다 찾아낸 사실! 레이저 프린터로 이면지 인쇄를 하는 것은 오히려 프린터 내부에 문제를 만들고 프린터 수명을 단축시킬 수도 있다고 한다. 그럼 프린터가 일찍 폐기되고 또 쓰레기가 된다는 건데 그래도 이면지를 인쇄해서 쓰는 게 나은지 아닌지 비교할 수 있는 연구결과도 없다고 하니 나는 또다시 고민 모드 돌입. 결국 내 선에서 내린 결론은 프린터 관리를 잘해야 한다는 것, 이면지 사용은 하되 가급적 프린트를 하는 건 피하자는 것. 그럼 이면지를 뭐하는 데 쓰냐고? 노트를 만들거나 메모지를 만들 수도 있다. 길은 찾는 자에게 나타나리니!

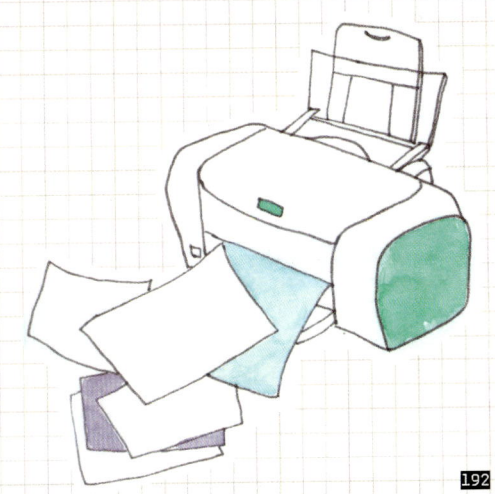

자꾸 까먹지 말고 꼭 기억해주세요!

11월의 어느 저녁,
가로수길의 카페에서 한동네 주민들이 만나 나눈
소소하지만 대담한 이야기.

공효진 배우, 저자
김선민 잡지 『엘르』 패션기자
정다운 작가, 주부
보리 포토그래퍼
박세준 스타일리스트

OUR STORY

효진 한동네 살아서 자주 보는데, 또 이렇게 만나니까 색다르다.

보리 그러네. 효진이, 선민이, 다운이는 집이 여기고, 나는 이 골목에 스튜디오가 있고, 세준이는 회사가 여기니까.

선민 책은 마무리돼가고 있어?

효진 응, 그런데 사람들이 내가 환경 책을 내는 거에 대해 어떻게 생각할까?

세준 일반 대중들은 몰라도 네 주변 사람들은 다 이해할걸? 〈파스타〉 같이 했던 스태프들한테 얘기하니까 다들 그럴 줄 알았다고 하더라.

효진 같이 고구마 구워 먹고 했으니까.

선민 나도 언니가 책을 내면 환경과 관련된 책을 낼 거라고 생각했어. 우리는 만나면 주로 살림에 관련된 얘기 많이 하니까. 어떻게 하면 알뜰한 장을 볼까, 그런?

효진 하긴 우리는 같이 장 봐서 나누고, 밥 해먹고, 한강변에 걸어가서 산책하고. 작년 이맘때는 조깅도 참 열심히 했는데.

선민 요즘은 날씨 좋은 주말에 음식 만들어서 소

풍 가는 게 재미있어.

효진 이번 선민이 생일에도 친구들 모여서 한강변에 갔었는데 좋았어. 돗자리 펴고, 낮술도 마시고. 다운이 아들이랑 우리 토토도 데리고. 그런데 나는 그렇게 노는 게 참 이상해 보일지도 모른다고 생각했는데, 막상 나가서 보니까 전부 다들 그

렇게 모여 앉아 노는 거야.

다운 이제 문화가 조금씩 그렇게 변해가는 거 같아.

세준 환경적으로? 하하. 나는 효진이 보면서 놀랐던 게 비닐봉지였어. 효진이 집에 가면 비닐봉지 모아놓는 큰 가방이 있잖아. 거기에 봉지를 모아놨

다가 토토 응가를 치우거나 할 때 다시 쓰잖아. 가끔은 담배 피우는 친구들이 병이나 캔에 재 떨면 그 병이나 캔 재사용하기 힘들어진다고 엄청 뭐라고 하고, 설거지할 때도 물 신경 쓰고. 사실 그래서 효진이 집에 가면 살짝 눈치 보여.

선민 하하. 그데 사실 토토 응가 치우는 건 정말

마지막이지. 우리는 한번 사용한 비닐은 겉에 내용물을 써놔. 고기면 고기, 생선이면 생선, 채소면 채소 이런 식으로. 그렇게 냄새가 섞이지 않게 해서 계속 같은 내용물을 보관하는 데 써. 그리고 비닐이 정말 해져서 못 쓰는 게 됐을 때 버리는 용도로 쓰는 거야.

효진 내가 할 수 있는 건 적극적으로 해야 한다고 생각하니까. 그리고 선민이나 다운이처럼 주변에 관심 있는 친구들이 있으니까 더 열심히 하게 되는 거 같아. 서로 정보도 교환하고. 이런 것도 해? 이러면서. 같이하면서 관심도 커지고 하나 하던 게 두 개가 되고, 그게 습관이 되더라고. 내가 이 책을 쓴 이유도 그거야. 일단 관심 없는 사람들이 관심이 생겼으면 좋겠고, 관심이 있어도 실제로 하지 못했던 사람들이 시작할 수 있게 해보자, 뭐 그런 취지였어.

선민 사람들은 우리가 하는 일이 배우, 패션 쪽이다보니까 화려한 것만 좋아할 거라고 오해하는데 실제로 우리 일상을 보면 소박하잖아. 효진 언니도 패셔니스타라는 말이 무색할 만큼 환경적으로 생활하고 있고. 그래서 언니가 목소리를 내는 건 참 좋은 거 같아. 정보도 주고, 같이 해보자고 독려도 하고.

효진 사실 처음에 책 낸다고 했을 때 승범이랑 크게 싸웠어. 우리가 동갑이라 의견이 충돌하면 목소리가 커지는 경향이 있잖아. 그날도 조금 격해졌는데, 그 자리에 보리 언니 있었지?

보리 응, 그때 승범이가 진짜 걱정스러워서 그런 거였어.

효진 아는데, 너무 정색을 하면서 펄쩍 뛰니까 나도 화가 나더라고.

보리 내 생각에 승범이 얘기의 요점은, 효진이 네가 환경 책을 썼는데 길을 가다가 무의식적으로 휴지를 버릴 수도 있고, 일회용 컵에 물을 마실 수도 있다는 거잖아. 그랬을 때 사람들 눈에 띄면 공효진이 환경을 소중히 여긴다더니 겉과 속이 다르다는 식으로 오해받을 수 있다는 거지. 왜 괜한 일을 만들어서 사람들 입에 오르내리고 미움받을 여지를 만드느냐, 그런 거였어.

효진 알지만 나도 답답해서 그날은 일단 너 갈 길 가, 나 갈 길 갈게! 그러고 헤어진 기억이 나.

보리 나도 사실은 그게 우려가 되긴 했어. 승범이가 이해가 갔지. 괜히 일을 안 만들었으면 하는 생각이 있었어. 그래서 승범이 말을 막지는 않았어.

효진 그럼에도 불구하고 내가 오늘 이 자리에 환경에 관심 없는 보리 언니와 세준이를 부른 이유는 책을 읽는 독자들도 다 관심이 있는 사람들은 아닐 테니까. 언니나 세준이의 의견도 들어보고 싶어서야. 내가 하는 말이 괜히 잔소리 같지는 않은지 걱정도 되고. 좋은 의도지만 오해할 수 있잖아? 살기 바쁜데 뭘 더 신경 쓰라는 거야 할 수도 있고. 며칠 전에 최종원고를 넘겼는데 제일 하고 싶은 얘기는 그거였어. 오해하지 않고 들어줬으면 좋겠다고.

다운 나는 좀 다르게 생각해. 지금 이 지구의 시점에서 누군가는 꼭 해야 하는 문제제기를 마침 공효진이 했다고 생각할 거 같아.

효진 그래도 나는 걱정을 떨칠 수가 없더라고. 그래서 거의 마지막 에필로그를 쓰는데, 끝내야 하는데 말이 계속 이어지는 거야. 나 그런 거 아니다, 오해하지 마라, 미워하지 마라, 배우이다보니 어쩔 수 없는 게 있다, 이런 얘기들을 줄줄 하고 있더라고. 그렇지만 어떻게 하든 내가 얘기하고 싶은 건 무조건 하지 말자는 게 아니라 '하고 싶은 걸 하면서 우리가 할 수 있는 가능한 것들에 대해서는 적극적으로 실천해보자'라는 거였어.

선민 1년 동안 쇼핑을 하지 않은 다운이처럼?

효진 아, 그건 정말 아주 깊이 들어간 거고. 웬만한 사람은 힘들 거야.

보리 1년 동안 왜 쇼핑을 하지 않은 건데?

다운 그냥 스스로 새해 약속을 그렇게 잡았어. 집에서 살림하면서 써야 하는 생필품을 제외하고 쇼핑 금지. 거의 패션에 관련된 것들, 옷이나 액세서리, 신발 등등. 그런데 정말 힘들더라고. 사는 곳이 또 유행에 민감한 곳이니 보이는 건 많고.

보리 하긴 여기 살면 정말 소비 지향적이 될 수밖에 없는 것 같긴 해. 촬영이 밤 9시쯤 끝나고 나와도 옷가게에 불이 다 켜져 있어. 그럼 홀린 듯이 한 바퀴 돌면서 이 숍 저 숍 들어가게 돼. 그리고 비싸고 좋은 게 아니라도 뭐든 하나는 사서 나오는 거야. 나도 모르게 내 발이 그리로 옮겨지는 거지.

효진 그게 현대인들이 스트레스를 소비로 푸는 것에 익숙해서 그런 것 같아.

다운 맞아, 낮에 동네 한 바퀴만 돌아도 어서 지갑을 열어 사라고 손짓하는 것 같으니까.

효진 그런데 다운이 너는 어떻게 참았어?

다운 그냥 정말 자기와의 사투를 벌였지. 하하하. 심지어 보다 못한 선민이가 겨울옷을 주고 그랬어. 내가 따뜻한 나라에서 4년을 살다 와서 겨울옷이 많이 없잖아. 정말로 힘들긴 한데 뭐랄까, 하면서 자기 만족감도 굉장히 올라가. 힘든 만큼 보람도 느끼고.

효진 이게 실천하면서 느끼는 희열이 있잖아. 조

금 불편하지만 견뎌냈을 때 뭔가 뿌듯함 같은 게 있어. 집으로 오는 청구서 종이를 뜯으면서 내가 왜 이러고 있지, 이러면서 짜증이 나고, 거기에 일일이 전화해서 보내지 말라는 전화를 하면서도 화도 나는데, 그렇게 해서 쓰레기가 되는 우편물을 처리하고 나면 그렇게 스스로 뿌듯할 수 없어.

보리 물 아끼는 얘기하니까, 물 덜 쓰게 변기 물통에 벽돌 넣는 거 생각난다. 그런 아이디어는 어때? 책에 실려 있어?

효진 그건 아니지만 여러 가지 팁이 있어.

선민 작은 건데 여러 가지가 모여서 꾸준해지면 크게 되니까. 간단한 팁이라도 실천할 수 있는 것들이라면 큰 도움이 되는 거라고 봐.

보리 그럼 하나 물어보자. 너희들 음식물 쓰레기도 정리 잘해?

선민 저 같은 경우는 음식물 쓰레기를 얼려서 한 번에 버려요.

효진 이거 봐. 얘가 이렇다니까. 이 책을 쓰면서 환경 문제에 관심이 많은 어떤 분을 알게 됐는데, 그분이 그렇게 하시더라고.

보리 아, 얼려서 버리는 게 좋은 거야?

선민 음식물 쓰레기가 조금씩 자주 나오는데 버리다보면 상하잖아요. 그걸 얼려놓으면 괜찮으니까.

효진 그냥 놔두면 상하고 냄새 나고, 밖에 두면 고양이나 쥐들이 꼬일 테고. 그런데 음식물 쓰레기를 말리는 기계가 있잖아. 그런데 그 기계도 전기를 사용하니까 그것조차 쓰기 싫은 사람들이 그 방법을 쓰는 거지. 하지만 음식물 쓰레기를 말려서 버리는 게 제일 좋긴 해. 그런데 워낙 대부분 젖은 상태로 버리기 때문에 내가 아무리 말려서 버린다 해도 모은 것을 섞으면서 다시 젖을 수밖에 없대.

보리 그럼 여기서 질문! 음식물 쓰레기 버릴 때 국물 쪽 짜서 버려야 해?

효진 그게 좋지. 그걸 공장에서 말리고 분쇄해야 하는데 그럴 때 또 전기를 써야 하니까.

다운 더 좋은 방법은 지렁이를 이용하는 거잖아. 지렁이를 집에서 키우면 지렁이가 음식물 쓰레기를 먹으니까.

보리 걔들이 그걸 어떻게 먹어? 그 쪼끄만 애들이?

다운 다 먹어요. 지금도 옥상에 만들어놨어요. 외국에 살 때는 나무 박스 만드는 비용이 싸서 나무 박스로 했는데, 한국은 몇 십만 원이나 해서 그냥 스티로폼에 흙을 담아서 만들어놨어요.

효진 언니, 다운이는 어느 정도냐 하면, 모기 쫓아내려고 아들 옆에 토마토를 갈아서 놔두는 애야.

보리 그거 놓으면 모기가 안 들어와?

다운 모기가 싫어해요. 모기 잡는 데 이런저런 방법이 있는데 그중에서 흔하게 쓰는 게 스프레이인 거죠, 쉬우니까. 근데 이게 인체에 안 좋은 성분에 향을 섞어 넣은 거라 전 쓰지 않아요. 사실 천연 오일 중에서 모기들이 싫어하는 유칼립투스 같은 종류들이 있어요. 그런 성분이 들어간 오일을 바르면 그나마 훨씬 덜 물리니까 그런 것들 바르면서 살았어요.

효진 정말 이렇게 사는 애들이 있어. 귀찮아서 못 하고 안 하는 게 많은데 실천하고 사는 사람들이 있는 거잖아. 조금 불편하지만 만족감이 있으니까 하는 걸 거야, 그치?

선민 나도 그 기분 알아. 집에서 걸어서 30분 정도 걸리는 곳에 회사가 있는데, 물론 비가 오거나 너무 춥고 더울 때 빼고는 대부분 걸어서 출퇴근을 해. 근데 그게 고비가 있어. 가다가 택시를 탈까 하는 순간이 있거든. 그래도 계속 걸은 날들이 쌓이다보면 남들은 못 하고 있는 걸 내가 하고 있다는 그런 희열이 있어.

효진 세준이만 안 하나보다. 외국 가면 너 물 많이 쓰고 그러잖아.

세준 그럼 네가 뒤에 귀신처럼 나타나서 물 잠가, 그러면서.

다운 우리 아들한테 이 물 막 쓰면 안 돼, 아프리카 친구들 생각해봐, 매일 이렇게 얘기하거든. 그러니까 이제 내가 물을 잠깐 틀어놓으면 "엄마, 아프리카에 있는 친구들은 이게 필요한데……." 자기가 그렇게 말을 해. 생활에서 저절로 보고 배우는 거 같아. 하라고 강요해서 되는 게 아니고, 익숙해지는 거지.

효진 책에도 썼는데, 알게 되면 그냥 지나치지 못해. 양심에 찔려서. 이렇게 하면 안 된다는 사실을 아니까 순간 자각하게 되고, 결국 스트레스가 되더라도 해. 그러다보면 다운이 말처럼 남편이나 아이들, 주위 사람들한테 얘기하게 되는 거야. 내가 내 남동생하고 세준이한테 물 아껴 쓰라고 하는 것처럼. 아이를 낳았는데 그 아이가 그렇게 크면 정말 대단한 일인 거지.

다운 도미노가 되는 거야.

효진 그런 날이 올 걸 생각하면 소름이 돋아.

세준 이 자리에도 환경에 관심 있는 사람들이 세 명이나 있잖아. 이 사람들이 전파시키는 사람이 한두 명이라도 있다면, 그 범위가 점점 넓어질 거야.

보리 진짜 환경운동가는 나야. 난 목욕 자주 안 해. 물 아끼려고 안 하는 거야. 난 비누도 잘 안 써. 수건에 물 살짝 적혀서 얼굴만 닦는다고나 할까?

효진 다운 선민 세준 : 하하하하하.

효진 언니가 환경운동에 동참하려면 스튜디오에서 쓰는 것들 있잖아, 일회용품 조금 쓰기, 이런 걸로 시작해봐.

보리 나 스튜디오에서 하나 해. 심플한 건데, 종이컵 차곡차곡 쌓아놓는 거.

효진 종이컵 말고 머그잔 쓰는 거 해.

선민 종이컵을 안 쓰면 좋지만, 쓰게 될 때도 테이크아웃을 하건 안 하건 그 앞에 진열되어 있는 뚜껑이랑 컵 홀더 같은 것들 안 써도 되는데 우리는 너무 습관적으로 다 쓰잖아. 어쩔 수 없이 머그잔을 쓰지 못할 때는 그런 거라도 안 쓰면 좋겠어. 쓰레기 되는 것들은 최소화하는 게 필요한 거 같아.

보리 예전에 커피숍에서 일회용 컵 반납하면 오십 원, 백 원씩 돌려줬잖아. 그때는 내용물 버리지 않고 다 마시고 그랬는데 요즘은 그런 제도가 없어졌으니 그냥 버리게 되더라고.

다운 대신에 요즘에는 텀블러를 가지고 오면 할인해주는 제도가 새로 생겼어요.

보리 아, 그래?

다운 청구서 같은 것도 인터넷으로 받으면 할인도 되잖아.

효진 한 번 뜯어보고 버리는 건데 정말 아까워.

선민 나는 전에 집 앞에 적어놓은 적도 있어. 전단지 붙이지 말라고, 나 거기서 시켜 먹지 않는 사람이니까 넣지 말라고.

세준 효과가 있었어?

선민 없었지. 그냥 놓고 가니까. 그래도 화가 나서 그런 거라도 하게 되더라고. 그런데 강하게 나라에서 룰을 정해주면 하게 되지 않을까 싶어. 일본에 사는 친구가 있는데 거기는 쓰레기 버리는 요일이 있고 그때 안 버리면 수거를 안 해가는 거야. 그래서 놀다가도 쓰레기 버리는 날에는 그걸 위해 집에 일찍 들어가더라고. 분리수거도 페트병이나 비닐 이런 것들을 완벽하게 나눠놔야 수거를 한다고 하더라고. 대충 하면 안 가져가기 때문에 완벽하게 하는 거지.

보리 내가 쓰레기통 집 딸이야. 어려서 우리 아버지가 TV 케이스를 만들다가, 쓰레기통을 만드셨어, 플라스틱으로. 플라스틱이 정말 안 좋은 거잖아. 분당, 일산 신도시가 생길 때 우리 아버지가 거기에 분리수거 쓰레기통을 납품하시기 시작하셨어. 예전에는 시범단지가 있어서 거기서 사는 게 아니고 렌트를 하는 거야. 그럼 2년, 3년 계약 기간이 지나면 다 쓰고 다시 돌려보내. 그럼 그걸 재활용을 할 수가 없대. 닦아서 깨끗한 상태로 다시 보내야 하는데 그게 불가능하다는 거지. 그리고 녹여서 뭔가를 만들기에는 비용이 너무 들고, 씻는 것보다 폐기하는 돈이 덜 드니까 그냥 폐기를 해. 그러니까 환경에 보탬이 되는 분리수거 쓰레기통을 만듦과 동시에 환경에 악영향을 끼치는 걸 할 수밖에 없는 거야.

효진 우리가 처음 이야기할 때 안 된다 하던 것들도 지금 개발이 됐다는 소식도 들리고, 이렇게 하는 줄 알았는데 이제는 아니라고 하고. 정책이 계속 바뀌어. 좋게든 나쁘게든.

보리 그래, 그렇게 계속 바뀌는 거야.

효진 어쩌면 책이 나올 때쯤이면 내가 한 얘기랑 달라져 있을 수도 있을 거야. 하지만 발전적이면 좋은 거고.

다운 우리나라 정도면 재활용 잘하는 거야. 처음에 시작했을 때 기억나는데, 한 십 년 전인가? 그때 어떻게 이걸 하라는 건지 싫었잖아. 어떻게 이 귀찮은 걸 시킬 수 있는 거냐고 했는데, 지금은 완전히 생활화되었잖아. 그런데 뉴욕에 가면 깜짝 놀라. 선진국이라는 미국은 다 갖다가 버리니까. 분리수거 안 하잖아.

세준 이번에 베를린 다녀왔는데 나도 너무 놀랐어. 쓰레기가 재활용과 재활용 안 되는 것 딱 두 가지야. 그냥 막 섞어놓는 거지. 재활용 아닌 곳에는 음식물 쓰레기까지 막 섞여 있더라고.

다운 그래도 두 가지로라도 나눠놨잖아. 미국은 그냥 하나야. 뭐든지 섞어.

선민 미국처럼 거대한 나라에서 참.

다운 인구수로 따지면 중국, 인도, 인도네시아가 1, 2, 3위인가 그렇잖아? 그런데 세 나라 다 안 해, 재활용을.

선민 중국이 자동차 보급률이 열여덟 명 중 한 명인데, 네 명 중 한 명 꼴로 바뀌는 때가 되면 CO_2가 엄청나게 나오면서 지구가 거의 멸망할 수준이 된다고 하더라고.

다운 세계적인 문제도 중요하지만, 나는 아주 일상생활에서 늘 안타까운 게 있어. 우리가 우유를 살 때 유통기한이 1주일 남은 게 있고, 2주일 남은 게 있잖아. 그럴 때 무조건 맨 뒤로 손을 뻗어서 그걸 집어. 이게 다 잘 살아보자는 건데 우리만 잘 살면 된다는 식으로 조금 잘못 생각하는 것 같아. 우유는 집에서 3, 4일 안에 먹는 거니까 그걸 오래 가지고 있을 이유가 없는데도 그걸 굳이 2주가 남은 걸 속에서 꺼내오면 앞에 유통기한이 얼마 안 남은 우유들은 다 수거해서 폐기해야 하는 거잖아. 그러니까 유통기한 같은 걸 볼 때도 자기가 그 안에 먹을 수 있다면 가까운 날짜의 것을 사는 것도 환경을 생각하는 일인 것 같아. 비닐봉지 안 받고 장바구니만 들고 다닌다고 되는 게 아니라.

보리 그렇구나. 그렇게는 한 번도 생각을 안 해 봤어.

선민 나는 장을 자주 보니까 한 일주일만 지나면 플라스틱 박스가 가득 차. 대형 마트에서 포장을 많이 하잖아. 그러면 정말 혼자 살고 많이 해먹지

않는데도 불구하고 일주일만 지나면 포장 용기가 가득 쌓여.

다운 정말 포장 강국이야. 커다란 상자 안에 또 포장되어 있는 과자 네 개가 들어 있고.

효진 그런데 그게 또 유통 문제 때문에 어쩔 수 없다더라고.

다운 그렇겠지만 그런 어려움을 뛰어 넘어서 선구적인 기업이 나오고 사람들이 관심을 갖고 그 기업의 제품을 많이 팔아준다면 좋잖아? 포장 단가를 줄이고, 그걸 제품 가격에 반영하고.

보리 나는 정말 생각 안 하고 사나봐. 사실 사람들과 얘기하다보면 환경 문제가 가끔 이렇게 도마 위에 오르는데 바쁘게 살다보면 또 까맣게 잇는거야.

효진 그렇지.

선민 요즘 들어서 하는 생각인데, 요즘 사회가 쉽게 사고 쉽게 버리고 지나치게 가벼운 소비로 가니까 문제인 것 같아. 소비의 속도도 빨라지고. 정말이지 환경의 시작은 소비를 덜 하는 게 아닐까 싶어.

다운 맞아. 인터넷 쇼핑이 활성화된 이후로는 더 그렇잖아. 그냥 클릭만 하면 되니까. 그런데 1년 동안 옷을 안 사보니까 포기할 수 없는 건 없더라. 웬만한 건 포기할 수 있을 거 같아.

세준 이렇게 얘기하는 게 중요한 거 같아. 주위 사람들이 알려주고. 나도 지금 모르던 거 알게 되고. 해봐야겠다는 생각도 든다.

효진 세준이 같은 반응이면 좋은데, 혹시라도 책을 읽은 독자가 '그동안 내가 잘못 살았다는 거잖아' 하고 반감이 생길까봐 그게 걱정이야. '난 모르니까 됐어, 나는 안 할래' 이러지 않았으면 좋겠어.

선민 하다보면 곧 즐거움을 알게 될 거야. 화초 키우는 것도 어렵지 않잖아? 우리 한참 루콜라 키울 때, 키워서 음식 해먹으면서 얼마나 신기했어? 피자도 해먹고. 날씨 이렇게 추워지기 전에 잘 자랄 때 한참 많이 즐거웠지. 그리고 다운이가 생일 선물로 사준 블루베리, 봄에 열린다고 해서 지금 기대하고 있어.

보리 동물 이야기도 나와?

효진 응, 나와. 토토 얘기.

선민 이렇게 동식물, 전 지구에 도움이 되는 환경 이야기를 기업에서 많이 했으면 좋겠어. 아침에 비오는 날 건물에 들어가면 나는 우산 꽂는 비닐도 한 번 쓰고 나서 벗겨놓은 걸 다시 쓰는데, 사람들은 새 비닐을 막 써. 그걸 보면 아무도 신경 쓰지 않는 거 같아. 회사의 윗사람이 재사용하도록 권하면 얼마나 효과가 크겠어. 큰 빌딩들이 많잖아? 그 빌딩에 있는 사람들만 다 실천만 해도 굉장할 텐데.

효진 맞아. 나 하나가 책을 낸다고 세상이 바뀌지는 않을 거야. 좀더 큰 목소리와 큰 힘이 필요하지. 사실 나는 그러니까 책을 내는 이유가, 좋은 영향을 주려는 것보다, 안 좋은 영향을 좀 줄이고자 하는 거야. 좋은 영향을 준다는 건 다운이처럼 1년간 소비하지 말라고 말하면서 실천하고, 돌아다니면서 뭔가를 해야 하는데 현실적으로 어려우니까. 진짜로 도움을 주는 일들은 사실은 웬만한 사람이 하기 힘들잖아. 좋은 영향을 주려면 돈도 아주 많아야 하고. 나무를 심거나, 재활용 공장을 세우거나 다 돈이 어마어마하게 드는 거니까 한두 사람이 할 수 없는 거고 기업이나 나라에서 해야 하는 거지. 우리가 이렇게 해도 지구의 상황은 계속 안 좋아질 거야. 그렇지만 그 속도를 조금 늦추자는 거지. 그러면서 발전을 하고 기업이 움직이면 뭔가 좋은 일이 일어날 수도 있는 거고.

보리 아까 우리 아버지 얘기를 했는데 조금만 더 하면, 우리 아버지도 엄청 환경을 생각하는 분이셔. 전기 아껴 쓰고 그런 거에 치중하는 스타일인데. 목욕물을 받아쓰잖아? 그럼 못 버리게 해. 그렇게 놔뒀다 다음 날 아침에 그걸로 화분에 물을 주는 그런 분이셨어. 그런데 우리 아버지 공장이 있는 지역 신문에 우리 아버지 공장이 폐수를 버렸다는 기사가 난 거야. 우리 집 여자들이 다 막 어머어머 어쩜 그러냐고 그랬어. 목욕물로 화분에 물을 주던 사람이 폐수 버렸다고. 아이러니한 거야. 폐수를 버려서 환경을 오염시키면서 환경을 생각해서 물을 아껴 쓰는 사람이 동일 인물이라는 게. 그런데 그걸 보면서 그게 우리의 현실이라는 생각을 했어.

효진 맞아, 맞아. 나도 이렇다저렇다 하면서 할 거 다 하고 다녀. 차타고 다니고, 비행기 타고 다니고, 남들은 평생 다섯 번 간다 하면 나는 일 년에 그 이상 가고. 비행기 타는 게 제일 안 좋은 거라는데.

보리 어쩔 수 없는 거지.
효진 그렇지만, 어쩔 수 없지만, 할 수 있는 걸 하자는 거지.

다운 좀더 노력하자는 거고.

효진 그러니까 진짜 그거야. 가능한 것을 실천하자는 거. 그것만으로도 좋다는. 아끼자고, 소비를 줄이자고 하면서 책 팔려고 나온 거 아냐? 그러면 또 할 말이 없지만 진심은 그거야. 나도 모자라고 허술한 인간이지만 조금씩 노력하고 있다는 거. 환경에 관심이 없는 보리 언니나 세준이 같은 사람들도 나, 선민이, 다운이처럼 하나씩 시작해서 조금 더 실천해나갈 수 있으면 좋을 것 같다, 뭐 그런 거라고나 할까? 아직까지도 이 책을 내는 게 망설여지지만 그래도 용기 내볼까 해. 혼자 하는 것보다 여럿이 하는 게 훨씬 좋은 일이고, 또 내가 부추기는 일이 나쁜 일은 아니니까. 모두를 위해서 좋은 일이니까.

CHAPTER 04

'무엇이 나를 좀더 행복하고 즐겁게 만들까?'
나의 즐거움은, 나의 행복은 이 물음표에서부터 시작된다.

여기까지 읽어주신 분들께 수고하셨다는 인사부터 전한다. 환경이란 주제는 아무리 재미있게 쓰려고 해도 고리타분하고 지루할 수도 있었을 텐데, 꼼꼼히 읽어주신 분들께 정말 감사드린다. 이런 책을 만들어보면 어떨까 고민하던 나에게 남자친구가 이런 얘길 했었다. "우리나라 사람들은 가르치려는 사람을 제일 싫어해. 나이도 많지 않은 네가 이런 책을 낸다면 누가 좋아하겠니? 당신은 이 중요한 걸 모르고 몇 십 년을 잘못 살았다는 얘기일 텐데……. 괜한 일해서 어깨 무거워지지 마." 그에게 그 말을 들었을 때, '그렇지 않게 요리조리 피해서 잘 쓰면 되지'라고 했지만 써내려가면서 마음이 가볍지는 않다. 자꾸만 '이렇게 해보시길, 그게 더 좋지 않을까? 난 이렇게 하고 있는데'라며 나는 잘하고 있으니 생각해보고 따라해보라는 내용이 되는 것 같아서 썼다 지웠다, 다시 썼다를 반복했다. 하지만 보다시피 그게 잘되지 않았다. (혹시라도 남자친구의 말대로 자신의 습관을 지적받은 것 같아 언짢아진 분들이 계시다면 사과드리겠다.)

사실 쉽게 마음먹은 책이 아니다. 아주 오랫동안 고민했고, 용기를 내는 데도 많은 시간이 걸렸다. 본업이 배우이다보니 악역도 맡게 될 것이고, 소비를 과하게 하는 부잣집 딸 연기도 하게 될 것이고, 제품을 광고하는 모델도 할 것이다. 그러면서 소비를 줄이자는 얘기를 하고 있으니 마음에 걸리는 게 사실이다. 나에겐 배우라는 직업이 있고, 나만의 자아도 있다. 이 글이 환경에 악영향을 주는 모든 걸 하지 말자는 뜻은 아니었다. 해야만 하고, 써야만 하는 것이 있지만, 내가 환경을 위해 노력하고 있고 또 같이해주면 좋겠다는 바람을 담았다. 모두를 설득시키고, 이해시킬 수 있다는 생각은 하지 않는다. 다만 조금이라도 관심을 가져주면 진심으로 고맙겠다. 작은 관심과 힘이 도움이 된다는 걸 잊지 말고 용기를 가지라고 응원하고 싶다. 또한 나도 분명히 고민하고 실천하고 있으니 혼자가 아니라고 이야기해주고 싶다. 그리고 반대로 나와는 다른 생각을 가지고 있는 사람들에게는 이 책이 마음에 안 들더라도 미워하지 말아달라고 부탁하고 싶다. 우린 다르지만 내가 전하려는 이야기는 우리 모두에게 좋을 이야기들이니까.

#1

나는 소소하면서도 짜릿한 즐거움을 느낄 수 있는 경우를 내 식으로 '내추럴 하이 Natural High'라고 한다. 이건 그러니까 케미컬 Chemical 의 영향 없이 즐거울 수 있는 어떤 행위들이다. 때문에 이 '내추럴 하이'를 만들어주는 어떤 행동을 하면 행복감이 밀려온다. 이를테면 나의 경우에는 화초 키우기, 자전거 타기, 좋아하는 공연 가기, 록페스티벌에 가서 맘껏 춤추고 소리지르기, 토토와 산책하기, 친구들과 이야기하기 같은 것들이다. 신기한 것은, 이 내추럴 하이가 환경과 무관하지 않다는 것이다. 꼭 그래서가 아니더라도 나는 나를 위해서, 내게 내추럴 하이를 만들어주는 것들을 발견하려고 애쓰고 자주 고민한다. 그리고 생각해보면 그것은 대단한 것들이 아니다. 말했듯이 일상적이고 소소한 것들로부터 나는 근본적인 에너지, 행복감을 느낀다.

2008년 할로윈데이,
친구들과 클럽에서,
술한잔 안하시고 분위기에 취해서!

'무엇이 나를 좀더 행복하고 즐겁게 만들까?'

나의 즐거움은,

나의 행복은

이 물음표에서부터 시작된다.

#2

　　주위를 둘러보면 사람들이 자기를 들여다볼 시간적 여유가 없다. 바쁜 일상에서 외부적인 것들에 신경을 쓰느라 자기 자신과, 친구들과 대화를 나누거나 서로의 감성을 나누며 살기가 참 힘들다. 그러다보니 마주앉아 연예인들의 가십이나 어제 본 TV 프로그램 이야기가 아니면 어색한 침묵이 감도는 것이다. (사실 연예인들도 모여서 우리들의 가십을 이야기한다. 그러면서 우리도 이렇게 남 얘기가 재미있는데 사람들이 그러는 것도 이해가 간다고 쓴웃음을 짓기도 한다.) 뭐랄까, 일말의 감정 소모가 될 만한 이야기는 서로가 피하고 있다는 느낌? 하지만 우리가 좀더 행복해지려면 진짜 얘기를 나눌 필요가 있다. 친구가 요즘 무슨 생각을 하면서 살고 있는지, 요즘 나의 화두는 무엇인지와 같은 이야기. 경험한 바에 의하면, 이런 소통만으로도 웬만한 스트레스는 다스려진다. 내가 어떤 상태인지 스스로 충분히 인식하게 되고, 동시에 위로를 받을 수 있기 때문에.

　　난 직업이 배우이다보니 자주 인터뷰를 하게 된다. 요즘 고민이 무엇이냐, 잘해나가고 있다고 생각하느냐, 다음 10년은 어떻게 살아갈 것이며 어떤 모습이면 좋겠느냐 등의 질문들. 대답을 해나가면서 마구 엉켜 있던 생각들이 말로 흘러나옴으로써 정리가 되고, 나중에 그 인터뷰 기사를 읽으면서 '아, 난 요즘 이렇게 생각하고 있고, 또 이렇게 변했구나'를 느낀다. 그러면서 다른 사람들도 친구들과 이런 인터뷰 같은 대화를 하면 좋겠다는 생각이 들었다. 그냥은 묻고 들어주는게 방법이다. 잘 들어주는 사람만큼 귀한 사람이 없다. 친구와 진솔한 대화를 하기 위해서는 묵묵히 잘 들어주는 것이 중요하다.

그건 자기 자신과의 관계에 있어서도 마찬가지다. 내가 뭘 좋아하고 뭘 싫어하고, 뭐 때문에 고민하고 뭘 하고 싶은지 들여다보는 건 귀찮기도 하지만 무서운 일이니까. '나'를 더 잘 안다는 것, 내가 어떤 사람이라는 걸 똑바로 직시한다는 건 타인과 관계를 맺고 소통하는 것보다 더 힘들고 때로는 도망가고 싶을 만큼 어렵다. 하지만 자꾸 스스로에게 말을 걸고 관심을 가져야 알 수 있다. 내가 바라는 게 무엇인지, 내가 어떻게 해야 행복할 수 있는지.

우리를 '내추럴 하이'하게 만드는 건 뭘까? 사랑을 시작한 사람은 사랑하는 사람과 만날 시간을 기다리며 두근거릴 것이다. 그 사람을 만나러 가는 길, 만나서 함께하는 동안 설레고 엔돌핀이 마구 돌고 아드레날린이 솟고. 혹 누군가는 야구장에서 경기를 보며 목이 터져라 응원하거나 직접 달리고 뛰면서 기분이 '업' 되는 걸 느낄 수도 있다.

　사실 우리를 '하이'하게 만드는 건 찾아보면 꽤 많다. 문제는 '내추럴'하냐는 것, 그리고 무엇보다 그것이 '지속 가능'하냐는 것. 연애라는 것도 시간이 지나면 두근거림이 잦아들게 될 텐데 그렇다고 그럴 때마다 남자를 바꿀 수도 없는 노릇이고, 바꾸기는 고사하고 하나 만들기도 어려운 게 현실이다. 일은 많고 시간은 없고. 그렇다고 매일 내 기분을 '하이' 상태로 유지시켜줄 수 있는 스포츠나 여가 활동을 하는 것도 시간과 비용의 한계가 있다. 그러니까 우리는 일상에서 소소한 즐거움을 찾아야 한다. 나를 지속적으로, 꾸준히 즐겁게 만들 수 있는 일상의 무언가를 말이다.

나를 '내추럴 하이'하게 만드는

싹을 틔운 루콜라

쑥쑥 잘 자라는 아이비

고운 색의 소국화

토토의 초콜릿색 털

눈 코 입이 구분 안 되는 미미

영리한 알프

내가 좋아하는 음악

자전거 타기

늦은 저녁 산책

뽑아놓은 플러그

가방 속의 손수건

…

지구에 조금은 도움이 되었다는 뿌듯함

나를 언제나 즐겁게 만드는 것들.

#5

어느 날 메이크업 아티스트인 조연이가 밤에 비가 와서 무섭다고 찾아왔다. 다음 날 아침 일찍 촬영장으로 가야 한다고 했다. 이날은 태풍이 왔던 날이라 창을 심하게 두드리는 빗소리에 나는 새벽 5시 반에 잠이 깼다. 아침밥을 준비해놓고 달달 떨면서 뉴스 속보를 보다가 태풍이 좀 잠잠해진 후에 잠이 덜 깬 그 친구를 재촉해서 식탁 앞에 앉혔다. 국 하나, 계란반찬 하나, 집에 있던 간단한 반찬들 조금. 그게 다였다. 하지만 나도 촬영장에 있어봐서 안다. 현장에서 먹는 음식들, 뻔하다. 만날 시켜 먹는 거, 죽어도 못 먹겠다 싶을 만큼 질린 음식들도 많았다. 그걸 잘 알기에 밥을 꼭 먹여 보내고 싶었다. 그리고 나도 식탁에 누군가와 같이 앉아 밥 먹는 게 좋기도 했다.

혼자가 아니라 '같이'.

어느 생일에는 친한 친구들을 집에 초대했다. 누구는 재료를 다듬고 몇몇은 요리를 했다. 같은 음식이라도 서로 만드는 방법이 다르니 그런 이야기를 하는 것도 재미가 있었다. 새로운 발견. 나중에 남은 친구들이 상을 차리고 각자 와인 잔 하나씩 들고 소파나 식탁에 앉아 두런두런 이야기하며 생일을 보냈는데 참 즐거웠다. 나 혼자 해야 한다는 부담도 없고 같이하니 즐겁고, 친구들과의 관계도 더 따뜻해지고. 역시 나는 혼자보다 여럿이 좋다.

같이 먹는다는 것, 같이한다는 것. 혼자가 아니라 함께라는 것. 그것만으로도 위로가 되기도 하고 혼자 하는 것의 몇 배는 더 즐거워지기도 한다.

성은이 ♡ 은지 ♡ 화진이 10년전쯤 삼총사

참 닮아 보이는 우리 둘. 2007년 여름.

2007년 11월의 제주도 민아와 나
'지금 이대로가 좋아요' 촬영 컷.

2009년 9월의
헐지난 은모래

은지ㅋ 영진이ㅋ 효진이

화보촬영중
포토그래퍼 배두나
메이컵아티스트 원조연
모델 공효진파 클클

두나언니ㅋ 조현이ㅋ 효진이

2006년 가을의 어느날.   연희   효진

#6

　　재작년 크리스마스쯤이었다. 포토그래퍼, 모델, 출판인, 파티플래너, 요리사, 디자이너, 헤어메이크업 디자이너 등 다양한 직종으로 구성된 친구들이 모여 크리스마스 파티에 대해 의논을 하게 됐다. 올해는 어떻게 지낼까 이런저런 아이디어를 모으던 끝에, 연말이고 하니 장갑을 싸게 사서 팔아서 남는 돈으로 좋은 일에 써보자는 이야기가 나왔다. 우리는 당장 몇 백 개의 장갑을 사서 강남역이나 클럽같이 사람들이 많이 모이는 장소에서 팔기 시작했다. 열댓 명의 친구들이 번갈아가며 장갑을 팔았는데 결과는 한심했다. 모든 일에는 시행착오가 있다고, 처음 한 일이라서 놓친 것이 많았지만 무엇보다 장갑이라는 아이템을 팔기엔 시기가 너무 늦었던 것이다. 그래도 우리는 포기하지 않고 크리스마스 당일까지 3일 동안 장갑을 팔았다.

　　크리스마스 날의 계획은 이랬다. 낮까지 장갑을 팔고 간단히 맥주 한 잔, 그리고 집에 돌아가 잠시 쉬다 11시에 다시 만나 크리스마스 파티를 즐기는 것. 그러나 그날 밤 11시에 약속 장소에 나온 사람은 아무도 없었다. 다들 3일 내내 추운 데서 에너지를 쓴 데다 끝냈다는 생각에 긴장이 풀려 곤히 잠들고 만 것이다. 결국 기다리고 기다리던 크리스마스 파티는 그렇게 물 건너갔다.

　　우리는 다음 날 한낮에 만나 조금 늦은 파티를 했다. 다들 어제의 일이 어이없다고 했지만 아쉬워하지는 않았다. 오히려 더 즐거운 눈치였달까? 모두들 술 마시고, 수다를 떨고 게임을 하는, 언제나 비슷비슷한 크리스마스보다 훨씬 더 재미있었다고 느꼈던 것 같다. 마음이 풍요로워지는 느낌. 내년에는 착오 없이 제대로 꼭 다시 하자고 했었지만 다들 바빠서 결국 한 해를 건너뛰었다. 하지만 그 자체로도 참 즐거운 경험이었다.

아마 혼자였다면 달랐을 것이다. 그런 생각조차 못했을 것이고, 설사 생각은 했더라도 시도해보지도 않았겠지. 하면서도 즐겁지 않았을 것이고. 쳇바퀴 돌 듯 바쁘게 흘러가는 일상이다. 때로 좋아하는 사람들조차 시간을 내서 만나야 한다. 그렇게 짬 내서 만나는 사람들과 뭔가 생산적인 이야기를 하고 보람된 일을 해보면 좋지 않을까? 혼자 하면 할 수 없지만 같이하면 할 수 있는 것들, 같이할 때 그 힘이 더 크게, 세게 발휘될 수 있는 것들을.

그런 만남이, 이벤트가 좋은 활력이 되고 좀더 즐겁게 살 수 있는 좋은 계기가 될지도 모른다.

#7

내가 앞서 환경에 대해서 이야기한 것들은
나도 싫은데 누군가에게 떠밀려 한 이야기가 아니다.
좋은 것이라서 같이 나누고 싶어서 한 이야기다.
지구를 위해 하는 소소하고도 사소한 모든 일들은
귀찮은 일일 수 있고 나 하나쯤이야 하고 모른 척할 수 있다.
그런데 혼자가 아니라 둘이 되고, 둘이 셋이 되고 '함께'가 되면
이건 더 이상 재미없고 불안하고 쉽게 지나쳐버릴 일들이 아니다.
같이하면 재미있고 즐거울 수 있는 '놀이' 같은 일들이 될 수 있다.
끝나지 않는 보물찾기랄까?

이건 당신에게 보내는 초대장과도 같다.
끝없는 즐거움과 기쁨이 보장되는
우리들의 파티에, 우리들의 놀이에
당신도 함께해주면 좋겠다는 초대.
함께하는 사람들이 많을수록 더 재미있고 즐겁고
많은 것들이 변화될 거라는 걸 경험으로 알고 있으니까.

그러니 모두들 동참해보시라!

###

직업과 나이를 막론하고 모든 사람들이 그렇겠지만 '배우(혹은 연예인)'라는 우리 일은 세상의 시선에 좀더 민감할 수밖에 없다. 그러다보니 일상적이고 평범한 걸 어색해하는 사람들이 종종 있다. 심하게 바깥출입을 하지 않거나, 모자와 선글라스, 마스크 없이는 아무데도 못 가는 사람들. 이런 사람들을 주위에서 자주 만날 수밖에 없다보니 나 역시 자꾸 자기 안으로 파고 들어가게 된다. '베스트'와 '워스트'로 나뉘고 가끔은 언급조차 안 되기도 한다. 뭘 하든 평가를 받는 세상에서 이런 일을 하고 있는 사람들은 참 살기 어렵다. 많은 사람들이 이것은 이래서 싫다고 하고, 저것은 저래서 싫다고 한다. 10년이란 세월에 많이 무뎌지기도 했지만 여전히 무수히 많은 말들에 상처받는다. 그리고 앞으로의 10년은 사람들에게서 점점 관심을 잃어가게 될 시간일 것이다. 지금은 내가 뭘 해도 화려한 스포트라이트를 비추고 흥미를 보이는 언론과 대중이 있지만, 나라는 존재는 익숙해질 테고 새로운 얼굴들은 계속 등장할 것이다. 내가 유부녀가 되고 아기 엄마가 되면, 어떤 역을 맡아도 자연스러웠던 나에게도 현실이라는 꼬리표들이 생기겠지. 이제 겨우 서른인데 벌써부터 앞날이 두렵기 시작한다. 젊음이 사그라지면서 좌절이 밀려오고 존재감이 작아지는 그 무시무시한 시간들을 어떻게 이겨내야 할지. 그래서 나는 그 시간들을 준비해야겠다 생각이 든다. 마법에 걸린 듯 멋모르고 지내다가 어느 순간 지난 시간을 깨닫고 깜짝 놀랄까봐 자꾸 정신을 차려야지 하며 나만의 생활을 가다듬으려고 애쓰고 있다.

어쩌면 그래서 내 인생을 풍요롭게 사는 법에 대해 다른 사람들보다 더 많이, 자주 생각하게 됐는지도 모른다. 좋아하는 것은 무엇인지, 내가 편안해하는 것은 무엇인지 생각하고 그런 일들을 찾으려고 노력한다. 내가 있는 환경을 힘들어하기보다, 그 안에서 가장, 지속적으로 즐거울 수 있는 방법을 찾고 있다. 매일매일 소소하게나마 좋은 일을 하고 있다는 뿌듯함은 두려움을 이기고 즐거울 수 있는 가장 큰 방법이다. 그게 비단 하루에 35개의 페트병만큼은 물을 절약하고 있다는 사실이나, 천 개가 넘는 건전지를 안 버리고 있다는, 아무도 알아주지 않는 사실일지라도 그런 것들이 나 스스로 내가 참 괜찮게 살고 있다는 만족감을 느끼게 한다. 그것을 알고서는 할 수밖에 없는 일들이지 싶다. 귀찮아도 결국은 움직여 그 일들을 하고 있는 나를 보면 내가 이 세상에 태어난 이유가 이걸까? 하는 황당한 생각을 하기도 한다.

난 이 책을 읽은 모든 분들이 자기 자신을 더 많이 돌보고 사랑하길 바란다. 과음한 내 간에게 미안하다고 말할 줄 알고, 하루 종일 걷고 서 있느라 고생한 내 두 다리에게도 고생했다고 위로할 줄 알고, 퇴근 후 붉게 충혈된 두 눈에게도 고마워할 줄 아는 그런 여유를 가진 따뜻한 자신이었으면 좋겠다. 이렇게 많은, 당연한 것에 감사하기 시작하면 당연했던 것들이 새롭게 보인다. 당연히 여기던 파란 하늘이, 공기가, 또 이 지구가 고마워질지도 모른다.

그러나 그 무한할 것 같았던 것들이 그렇지 않다는 무거운 사실을 알게 되고, 그래서 그것들을 함께 아끼고 지켜주고 싶은 마음이 생긴다면, 얼마 지나지 않아 우린 파란 하늘을 매일매일 보게 되지 않을까?

갑자기 눈물이 날 것 같다.
세상이 너무 아름다워질 거란 희망 때문인가보다.

Epilogue

이 책을 처음 만났을 때 들었던 마음과 지금
여기까지 읽고 책을 덮은 후의 마음이 조금이라도
다르길 소망한다.
이 책의 표지는 배우로서의 내 모습처럼 과장되어
있을 수 있고, 책 속에 담긴 내 이야기는 배우
공효진의 내면일지도 모른다.
겉과 속이 꽤 다른 사람의 이야기가 여러분께
어떻게 전달될지 나 또한 궁금하다.
내 진심은… 위의 사진처럼 지원이 아름다운
제주도에서 만난 저 자유분방했던 동네 개와의
찰나가 너무 즐거웠다. 어쩌면 스포트라이트와
카메라 앞에 선 순간보다 아주 조금 더….

20101130.

"이제 우리 안녕하자 ~ 잘지내."

ⓒ 공효진 2010

1판 1쇄 2010년 12월 13일
1판 8쇄 2013년 8월 21일

지은이 공효진
사진 공효진 보리
본문 그림+표지 콜라주 김서연
환경 멘토 송영민
기획 판타지오 엔터테인먼트 신규사업본부 김태엽 민수경 신현경
펴낸이 김정순
구성 이재영
책임편집 김수진
디자인 김리영
마케팅 김보미 임정진 전선경

펴낸곳 (주)북하우스 퍼블리셔스
출판등록 1997년 9월 23일 제406-2003-055호
주소 121-840 서울시 마포구 양화로 12길 24(서교동 선진빌딩) 6층
전자우편 editor@bookhouse.co.kr
홈페이지 www.bookhouse.co.kr
전화번호 02-3144-3123
팩스 02-3144-3121

ISBN 978-89-5605-506-0 03810

이 도서의 국립중앙도서관 출판시도서목록(CIP)은 e-CIP 홈페이지(http://www.nl.go.kr/ecip)에서 이용하실 수 있습니다. (CIP제어번호: CIP2010004383)

Memo

Memo

비닐봉지 대신 예쁜 시장가방을 사용하자~

Memo

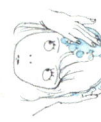

샴푸 팡파을 때는 머이를 충분해!

Memo

마이키 되는 법, Turn off!

나무젓가락은 빼주세요!

Memo

Memo

Memo

포근한 담요 한 장 어때요?

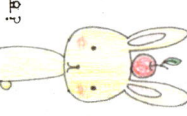